Schöningh
westermann

EinFach
Deutsch

AF203600

Ödön von Horváth

Jugend ohne Gott

Roman

Erarbeitet von
Anette Sosna

Herausgegeben von
Johannes Diekhans

Die Textausgabe folgt im Wortlaut der folgenden Ausgabe:

Ödön von Horváth: Jugend ohne Gott. Herausgegeben von Traugott Krischke. Frankfurt am Main: Suhrkamp Verlag 1983

Bildnachweis:
|bpk-Bildagentur, Berlin: 153; Kunstbibliothek, SMB 147. |ullstein bild, Berlin: 127.

© 2010 Bildungshaus Schulbuchverlage
Westermann Schroedel Diesterweg Schöningh Winklers GmbH,
Georg-Westermann-Allee 66, 38104 Braunschweig
www.westermann.de

Druck A[13] / Jahr 2025
Alle Drucke der Serie A sind im Unterricht parallel verwendbar.

Umschlaggestaltung: Jennifer Kirchhof
Druck und Bindung: Westermann Druck GmbH,
Georg-Westermann-Allee 66, 38104 Braunschweig

ISBN 978-3-14-**022484**-0

Ödön von Horváth: Jugend ohne Gott

Jugend ohne Gott

Die Neger

25. März.

Auf meinem Tische stehen Blumen. Lieblich. Ein Geschenk meiner braven Hausfrau[1], denn heute ist mein Geburtstag.

Aber ich brauche den Tisch und rücke die Blumen beiseite und
5 auch den Brief meiner alten Eltern. Meine Mutter schrieb: „Zu
Deinem vierunddreißigsten Geburtstage wünsche ich Dir, mein
liebes Kind, das Allerbeste. Gott der Allmächtige, gebe Dir Gesundheit, Glück und Zufriedenheit!“ Und mein Vater schrieb:
„Zu Deinem vierunddreißigsten Geburtstage, mein lieber Sohn,
10 wünsche ich Dir alles Gute. Gott der Allmächtige gebe Dir Glück,
Zufriedenheit und Gesundheit!“

Glück kann man immer brauchen, denke ich mir, und gesund bist
du auch, gottlob! Ich klopfe auf Holz. Aber zufrieden? Nein, zufrieden bin ich eigentlich nicht. Doch das ist ja schließlich niemand.

15 Ich setze mich an den Tisch, entkorke eine rote Tinte, mach mir
dabei die Finger tintig und ärgere mich darüber. Man sollt endlich
mal eine Tinte erfinden, mit der man sich unmöglich tintig machen kann!

Nein, zufrieden bin ich wahrlich nicht.

20 Denk nicht so dumm, herrsch ich mich an. Du hast doch eine sichere Stellung mit Pensionsberechtigung und das ist in der heutigen Zeit, wo niemand weiß, ob sich morgen die Erde noch drehen wird, allerhand! Wie viele würden sich sämtliche Finger ablecken, wenn sie an deiner Stelle wären?! Wie gering ist doch der
25 Prozentsatz der Lehramtskandidaten, die wirklich Lehrer werden
können! Danke Gott, dass du zum Lehrkörper[2] eines Städtischen
Gymnasiums gehörst und dass du also ohne wirtschaftliche Sorgen alt und blöd werden darfst! Du kannst doch auch hundert Jahre alt werden, vielleicht wirst du sogar mal der älteste Einwohner
30 des Vaterlandes! Dann kommst du an deinem Geburtstag in die

---

[1] Vermieterin
[2] Lehrerkollegium

Illustrierte und darunter wird stehen: „Er ist noch bei regem Geiste." Und das alles mit Pension! Bedenk und versündig dich nicht!
Ich versündige mich nicht und beginne zu arbeiten.

Sechsundzwanzig blaue Hefte liegen neben mir, sechsundzwanzig Buben, so um das vierzehnte Jahr herum, hatten gestern in
der Geografiestunde einen Aufsatz zu schreiben, ich unterrichte
nämlich Geschichte und Geografie.

Draußen scheint noch die Sonne, fein muss es sein im Park!
Doch Beruf ist Pflicht, ich korrigiere die Hefte und schreibe in
mein Büchlein hinein, wer etwas taugt oder nicht.

Das von der Aufsichtsbehörde vorgeschriebene Thema der Aufsätze lautet: „Warum müssen wir Kolonien haben?" Ja, warum?
Nun, lasset uns hören!

Der erste Schüler beginnt mit einem B: Er heißt Bauer, mit dem
Vornamen Franz. In dieser Klasse gibt's keinen, der mit A beginnt, dafür haben wir aber gleich fünf mit B. Eine Seltenheit, so
viele Bs bei insgesamt sechsundzwanzig Schülern! Aber zwei Bs
sind Zwillinge, daher das Ungewöhnliche. Automatisch überfliege
ich die Namensliste in meinem Büchlein und stelle fest, dass B
nur von S fast erreicht wird – stimmt, vier beginnen mit S, drei mit
M, je zwei mit E, G, L und R, je einer mit F, H, N, T, W, Z, während
keiner der Buben mit A, C, D, I, O, P, Q, U, V, X, Y beginnt.

Nun, Franz Bauer, warum brauchen wir Kolonien?

„Wir brauchen die Kolonien", schreibt er, „weil wir zahlreiche
Rohstoffe benötigen, denn ohne Rohstoffe könnten wir unsere
hochstehende Industrie nicht ihrem innersten Wesen und Werte
nach beschäftigen, was zur unleidlichen[1] Folge hätte, dass der heimische Arbeitsmann wieder arbeitslos werden würde." Sehr richtig, lieber Bauer! „Es dreht sich zwar nicht um die Arbeiter" – sondern, Bauer? –, „es dreht sich vielmehr um das Volksganze, denn
auch der Arbeiter gehört letzten Endes zum Volk."

Das ist ohne Zweifel letzten Endes eine großartige Entdeckung,
geht es mir durch den Sinn und plötzlich fällt es mir wieder auf,
wie häufig in unserer Zeit uralte Weisheiten als erstmalig formulierte Schlagworte serviert werden. Oder war das immer schon so?

---

[1] unangenehm

Ich weiß es nicht.

Jetzt weiß ich nur, dass ich wieder mal sechsundzwanzig Aufsätze durchlesen muss, Aufsätze, die mit schiefen Voraussetzungen falsche Schlussfolgerungen ziehen. Wie schön wär's, wenn sich
5 „schief" und „falsch" aufheben würden, aber sie tun's nicht. Sie wandeln Arm in Arm daher und singen hohle Phrasen.

Ich werde mich hüten als städtischer Beamter, an diesem lieblichen Gesange auch nur die leiseste Kritik zu üben! Wenn's auch wehtut, was vermag der Einzelne gegen alle? Er kann sich nur
10 heimlich ärgern. Und ich will mich nicht mehr ärgern!

Korrigier rasch, du willst noch ins Kino!

Was schreibt denn da der N?

„Alle Neger sind hinterlistig, feig und faul."

– Zu dumm! Also das streich ich durch!
15 Und ich will schon mit roter Tinte an den Rand schreiben: „Sinnlose Verallgemeinerung!" – Da stocke ich. Aufgepasst, habe ich denn diesen Satz über die Neger in letzter Zeit nicht schon mal gehört? Wo denn nur? Richtig: Er tönte aus dem Lautsprecher im Restaurant und verdarb mir fast den Appetit.
20 Ich lasse den Satz also stehen, denn was einer im Radio redet, darf kein Lehrer im Schulheft streichen.

Und während ich weiterlese, höre ich immer das Radio: Es lispelt, es heult, es bellt, es girrt, es droht – und die Zeitungen drucken es nach und die Kindlein, sie schreiben es ab.
25 Nun hab ich den Buchstaben T verlassen und schon kommt Z. Wo bleibt W? Habe ich das Heft verlegt? Nein, der W war ja gestern krank – er hatte sich am Sonntag im Stadion eine Lungenentzündung geholt, stimmt, der Vater hat's mir ja schriftlich korrekt mitgeteilt. Armer W! Warum gehst du auch ins Stadion, wenn's
30 eisig in Strömen regnet?

Diese Frage könntest du eigentlich auch an dich selbst stellen, fällt es mir ein, denn du warst ja am Sonntag ebenfalls im Stadion und harrtest treu bis zum Schlusspfiff aus, obwohl der Fußball, den die beiden Mannschaften boten, keineswegs hochklassig war.
35 Ja, das Spiel war sogar ausgesprochen langweilig – also: Warum bliebst du? Und mit dir dreißigtausend zahlende Zuschauer? Warum?

Wenn der Rechtsaußen den linken Half überspielt und zentert, wenn der Mittelstürmer den Ball in den leeren Raum vorlegt und der Tormann sich wirft, wenn der Halblinke seine Verteidigung entlastet und ein Flügelspiel forciert, wenn der Verteidiger auf der
5 Torlinie rettet, wenn einer unfair rempelt oder eine ritterliche Geste verübt, wenn der Schiedsrichter gut ist oder schwach, parteiisch oder parteilos, dann existiert für den Zuschauer nichts auf der Welt, außer dem Fußball, ob die Sonne scheint, ob's regnet oder schneit. Dann hat er alles vergessen.
10 Was „alles"?
Ich muss lächeln: die Neger, wahrscheinlich –

Es regnet

Als ich am nächsten Morgen in das Gymnasium kam und die Treppe zum Lehrerzimmer emporstieg, hörte ich auf dem zweiten Stock einen wüsten Lärm. Ich eilte empor und sah, dass fünf
15 Jungen, und zwar E, G, R, H, T, einen verprügelten, nämlich den F.
„Was fällt euch denn ein?", schrie ich sie an. „Wenn ihr schon glaubt, noch raufen zu müssen wie die Volksschüler[1], dann rauft doch gefälligst einer gegen einen, aber fünf gegen einen, also das
20 ist eine Feigheit!"
Sie sahen mich verständnislos an, auch der F, über den die fünf hergefallen waren. Sein Kragen war zerrissen. „Was hat er euch denn getan?", fragte ich weiter, doch die Helden wollten nicht recht heraus mit der Sprache und auch der Verprügelte nicht. Erst
25 allmählich brachte ich es heraus, dass der F den fünfen nichts angetan hatte, sondern im Gegenteil: Die fünf hatten ihm seine Buttersemmel gestohlen, nicht, um sie zu essen, sondern nur, damit er keine hat. Sie haben die Semmel durch das Fenster auf den Hof geschmissen.
30 Ich schaue hinab. Dort liegt sie auf dem grauen Stein. Es regnet noch immer und die Semmel leuchtet hell herauf. Und ich denke:

---

[1] Grundschüler

Vielleicht haben die fünf keine Semmeln und es ärgert sie, dass der F eine hatte. Doch nein, sie hatten alle ihre Semmeln und der G sogar zwei. Und ich frage nochmals: „Warum habt ihr das also getan?" Sie wissen es selber nicht. Sie stehen vor mir und grinsen
5 verlegen. Ja, der Mensch dürfte wohl böse sein und das steht auch schon in der Bibel. Als es aufhörte zu regnen und die Wasser der Sündflut[1] wieder wichen, sagte Gott: „Ich will hinfort nicht mehr die Erde strafen um der Menschen willen, denn das Trachten des menschlichen Herzens ist böse von Jugend auf."[2]
10 Hat Gott sein Versprechen gehalten? Ich weiß es noch nicht. Aber ich frage nun nicht mehr, warum sie die Semmel auf den Hof geworfen haben. Ich erkundige mich nur, ob sie es noch nie gehört hätten, dass sich seit Urzeiten her, seit Tausend und Tausend Jahren, seit dem Beginn der menschlichen Gesittung, immer stärker
15 und stärker ein ungeschriebenes Gesetz herausgebildet hat, ein schönes männliches Gesetz: Wenn ihr schon rauft, dann raufe nur einer gegen einen! Bleibet immer ritterlich! Und ich wende mich wieder an die fünf und frage: „Schämt ihr euch denn nicht?"
Sie schämen sich nicht. Ich rede eine andere Sprache. Sie sehen
20 mich groß an, nur der Verprügelte lächelt. Er lacht mich aus.
„Schließt das Fenster", sage ich, „sonst regnet's noch herein!"
Sie schließen es.
Was wird das für eine Generation? Eine harte oder nur eine rohe?
Ich sage kein Wort mehr und gehe ins Lehrerzimmer. Auf der
25 Treppe bleibe ich stehen und lausche: Ob sie wohl wieder raufen?
Nein, es ist still. Sie wundern sich.

Die reichen Plebejer[3]

Von 10–11 hatte ich Geografie. In dieser Stunde musste ich die gestern korrigierte Schulaufgabe betreffs der kolonialen Frage drannehmen. Wie bereits erwähnt, hatte man gegen den Inhalt
30 der Aufsätze vorschriftsgemäß nichts einzuwenden.

---

[1] Sintflut
[2] vgl. Gen 8, 21
[3] (im römischen Reich) einfaches Volk

Ich sprach also, während ich nun die Hefte an die Schüler verteilte, lediglich über Sprachgefühl, Orthografie und Formalitäten. So sagte ich dem einen B, er möge nicht immer über den linken Rand hinausschreiben, dem R, die Absätze müssten größer sein,
5 dem Z, man schreibt Kolonien mit e und nicht Kolonihn mit h. Nur als ich dem N sein Heft zurückgab, konnte ich mich nicht zurückhalten: „Du schreibst", sagte ich, „dass wir Weißen kulturell und zivilisatorisch über den Negern stehen, und das dürfte auch stimmen. Aber du darfst doch nicht schreiben, dass es auf
10 die Neger nicht ankommt, ob sie nämlich leben können oder nicht. Auch die Neger sind doch Menschen."

Er sah mich einen Augenblick starr an und dann glitt ein unangenehmer Zug über sein Gesicht. Oder hatte ich mich getäuscht? Er nahm sein Heft mit der guten Note, verbeugte sich korrekt und
15 nahm wieder Platz in seiner Bank.

Bald sollte ich es erfahren, dass ich mich nicht getäuscht hatte.

Bereits am nächsten Tage erschien der Vater des N in meiner Sprechstunde, die ich wöchentlich einmal abhalten musste, um mit den Eltern in Kontakt zu kommen. Sie erkundigten sich über
20 die Fortschritte ihrer Kinder und holten sich Auskunft über allerhand, meist recht belanglose, Erziehungsprobleme. Es waren brave Bürger, Beamte, Offiziere, Kaufleute. Arbeiter war keiner darunter.

Bei manchem Vater hatte ich das Gefühl, dass er über den Inhalt
25 der diversen Schulaufsätze seines Sprößlings ähnlich denkt wie ich. Aber wir sahen uns nur an, lächelten und sprachen über das Wetter. Die meisten Väter waren älter als ich, einer war sogar ein richtiger Greis. Der jüngste ist vor knapp zwei Wochen achtundzwanzig geworden. Er hatte mit siebzehn Jahren die Tochter eines
30 Industriellen verführt, ein eleganter Mensch. Wenn er zu mir kommt, fährt er immer in seinem Sportwagen vor. Die Frau bleibt unten sitzen und ich kann sie von droben sehen. Ihren Hut, ihre Arme, ihre Beine. Sonst nichts. Aber sie gefällt mir. Du könntest auch schon einen Sohn haben, denke ich dann, aber ich kann
35 mich beherrschen, ein Kind in die Welt zu setzen. Nur damit's in irgendeinem Krieg erschossen wird!

Nun stand der Vater des N vor mir. Er hatte einen selbstsicheren Gang und sah mir aufrecht in die Augen. „Ich bin der Vater des Otto N." „Freut mich, Sie kennenzulernen, Herr N", antwortete ich, verbeugte mich, wie es sich gehört, bot ihm Platz an, doch er
5 setzte sich nicht. „Herr Lehrer", begann er, „mein Hiersein hat den Grund in einer überaus ernsten Angelegenheit, die wohl noch schwerwiegende Folgen haben dürfte. Mein Sohn Otto teilte mir gestern Nachmittag in heller Empörung mit, dass Sie, Herr Lehrer, eine schier unerhörte Bemerkung fallen gelassen hätten –"
10 „Ich?"

„Jawohl, Sie!"

„Wann?"

„Anlässlich der gestrigen Geografiestunde. Die Schüler schrieben einen Aufsatz über Kolonialprobleme und da sagten Sie zu
15 meinem Otto: Auch die Neger sind Menschen. Sie wissen wohl, was ich meine?"

„Nein."

Ich wusste es wirklich nicht. Er sah mich prüfend an. Gott, muss der dumm sein, dachte ich.
20 „Mein Hiersein", begann er wieder langsam und betont, „hat seinen Grund in der Tatsache, dass ich seit frühester Jugend nach Gerechtigkeit strebe. Ich frage Sie also: Ist jene ominöse[1] Äußerung über die Neger Ihrerseits in dieser Form und in diesem Zusammenhang tatsächlich gefallen oder nicht?"
25 „Ja", sagte ich und musste lächeln: „Ihr Hiersein wäre also nicht umsonst –"

„Bedauere bitte", unterbrach er mich schroff, „ich bin zu Scherzen nicht aufgelegt! Sie sind sich wohl nicht im Klaren darüber, was eine derartige Äußerung über die Neger bedeutet?! Das ist
30 Sabotage[2] am Vaterland! Oh, mir machen Sie nichts vor! Ich weiß nur zu gut, auf welch heimlichen Wegen und mit welch perfiden[3]

---

[1] unheilvoll, bedenklich, anrüchig
[2] Beschädigung, Störung
[3] hinterhältig, heimtückisch

Schlichen das Gift ihrer Humanitätsduselei[1] unschuldige Kinderseelen zu unterhöhlen trachtet."

Nun wurd's mir aber zu bunt!

„Erlauben Sie", brauste ich auf, „das steht doch bereits in der Bibel, dass alle Menschen Menschen sind!"

„Als die Bibel geschrieben wurde, gab's noch keine Kolonien in unserem Sinne", dozierte felsenfest der Bäckermeister „Eine Bibel muss man in übertragenem Sinn verstehen, bildlich oder gar nicht! Herr, glauben Sie denn, dass Adam und Eva[2] leibhaftig gelebt haben oder nur bildlich?! Na also! Sie werden sich nicht auf den lieben Gott hinausreden, dafür werde ich sorgen!"

„Sie werden für gar nichts sorgen", sagte ich und komplimentierte ihn hinaus. Es war ein Hinauswurf. „Bei Philippi[3] sehen wir uns wieder!", rief er mir noch zu und verschwand.

Zwei Tage spater stand ich bei Philippi.

Der Direktor hatte mich rufen lassen. „Hören Sie", sagte er, „es kam hier ein Schreiben von der Aufsichtsbehörde. Ein gewisser Bäckermeister N hat sich über Sie beschwert, Sie sollen da so Äußerungen fallen gelassen haben. – Nun, ich kenne das und weiß, wie solche Beschwerden zustande kommen, mir müssen Sie nichts erklären! Doch, lieber Kollege, ist es meine Pflicht, Sie darauf aufmerksam zu machen, dass sich derlei nicht wiederholt. Sie vergessen das geheime Rundschreiben 5679 u/33! Wir müssen von der Jugend alles fernhalten, was nur in irgendeiner Weise ihre zukünftigen militärischen Fähigkeiten beeinträchtigen könnte – das heißt: Wir müssen sie moralisch zum Krieg erziehen. Punkt!"

Ich sah den Direktor an, er lächelte und erriet meine Gedanken. Dann erhob er sich und ging hin und her. Er ist ein schöner alter Mann, dachte ich.

„Sie wundern sich", sagte er plötzlich, „dass ich die Kriegsposaune blase, und Sie wundern sich mit Recht! Sie denken jetzt, siehe

---

[1] hier: sentimentales Gerede über Menschlichkeit
[2] vgl. Gen 2
[3] Stadt in Makedonien; Schauplatz einer historischen Schlacht im Jahr 42 v. Chr.

welch ein Mensch! Vor wenigen Jahren noch unterschrieb er flammende Friedensbotschaften, und heute? Heut rüstet er zur Schlacht!"

„Ich weiß es, dass Sie es nur gezwungen tun", suchte ich ihn zu
5 beruhigen.

Er horchte auf, blieb vor mir stehen und sah mich aufmerksam an. „Junger Mann", sagte er ernst, „merken Sie sich eines: Es gibt keinen Zwang. Ich könnte ja dem Zeitgeist widersprechen und mich von einem Herrn Bäckermeister einsperren lassen, ich
10 könnte ja hier gehen, aber ich will nicht gehen, jawohl, ich will nicht! Denn ich möchte die Altersgrenze erreichen, um die volle Pension beziehen zu können."

Das ist ja recht fein, dachte ich.

„Sie halten mich für einen Zyniker", fuhr er fort und sah mich
15 nun schon ganz väterlich an. „Oh, nein! Wir alle, die wir zu höheren Ufern der Menschheit strebten, haben eines vergessen: die Zeit! Die Zeit, in der wir leben. Lieber Kollege, wer so viel gesehen hat wie ich, der erfasst allmählich das Wesen der Dinge."

Du hast leicht reden, dachte ich wieder, du hast ja noch die schöne
20 Vorkriegszeit miterlebt. Aber ich? Ich hab erst im letzten Kriegsjahr zum ersten Mal geliebt und frage nicht, was.

„Wir leben in einer plebejischen Welt", nickte er mir traurig zu.

„Denken Sie nur an das alte Rom, 287 vor Christi Geburt. Der Kampf zwischen den Patriziern[1] und Plebejern war noch nicht
25 entschieden, aber die Plebejer hatten bereits wichtigste Staatsposten besetzt."

„Erlauben Sie, Herr Direktor", wagte ich einzuwenden, „soviel ich weiß, regieren bei uns doch keine armen Plebejer, sondern es regiert einzig und allein das Geld." Er sah mich wieder groß an
30 und lächelte versteckt: „Das stimmt. Aber ich werde Ihnen jetzt gleich ein Ungenügend in Geschichte geben, Herr Geschichtsprofessor! Sie vergessen ja ganz, dass es auch reiche Plebejer gab. Erinnern Sie sich?"

---

[1] (im römischen Reich) Oberschicht

Ich erinnerte mich. Natürlich! Die reichen Plebejer verließen das
Volk und bildeten mit den bereits etwas dekadenten Patriziern
den neuen Amtsadel, die sogenannten Optimates.
„Vergessen Sie's nur nicht wieder!"
5 „Nein."

Das Brot

Als ich zur nächsten Stunde die Klasse, in der ich mir erlaubte,
etwas über die Neger zu sagen, betrete, fühle ich sogleich, dass
etwas nicht in Ordnung ist. Haben die Herren meinen Stuhl mit
Tinte beschmiert? Nein. Warum schauen sie mich nur so scha-
10 denfroh an?
Da hebt einer die Hand. Was gibt's? Er kommt zu mir, verbeugt
sich leicht, überreicht mir einen Brief und setzt sich wieder.
Was soll das?
Ich erbreche[1] den Brief, überfliege ihn, möchte hochfahren, be-
15 herrsche mich jedoch und tue, als würde ich ihn genau lesen. Ja,
alle haben ihn unterschrieben, alle fünfundzwanzig, der W ist
noch immer krank.
„Wir wünschen nicht mehr", steht in dem Brief, „von Ihnen unterrichtet zu werden, denn nach dem Vorgefallenen haben wir
20 Endesunterzeichneten[2] kein Vertrauen mehr zu Ihnen und bitten
um eine andere Lehrkraft."
Ich blicke die Endesunterzeichneten an, einen nach dem anderen. Sie schweigen und sehen mich nicht an. Ich unterdrücke
meine Erregung und frage, wie so nebenbei: „Wer hat das ge-
25 schrieben?"
Keiner meldet sich.
„So seid doch nicht so feig!"
Sie rühren sich nicht.
„Schön", sage ich und erhebe mich, „es interessiert mich auch
30 nicht mehr, wer das geschrieben hat, ihr habt euch ja alle unter-
zeichnet – Gut, auch ich habe nicht die geringste Lust, eine Klasse

---

[1] hier: öffnen
[2] diejenigen, die den Brief unterschrieben haben

zu unterrichten, die zu mir kein Vertrauen hat. Doch glaubt mir, ich wollte nach bestem Gewissen" – ich stocke, denn ich bemerke plötzlich, dass einer unter der Bank schreibt.

„Was schreibst du dort?"

5 Er will es verstecken.

„Gib's her!"

Ich nehme es ihm weg und er lächelt höhnisch. Es ist ein Blatt Papier, auf dem er jedes meiner Worte mitstenografierte.

„Ach, ihr wollt mich bespitzeln?"

10 Sie grinsen.

Grinst nur, ich verachte euch. Hier hab ich, bei Gott, nichts mehr verloren. Soll sich ein anderer mit euch raufen!

Ich gehe zum Direktor, teile ihm das Vorgefallene mit und bitte um eine andere Klasse. Er lächelt: „Meinen Sie, die anderen sind

15 besser?" Dann begleitet er mich in die Klasse zurück. Er tobt, er schreit, er beschimpft sie – ein herrlicher Schauspieler! Eine Frechheit wär's, brüllt er, eine Niedertracht, und die Lümmel hätten kein Recht, einen anderen Lehrer zu fordern, was ihnen einfiele, ob sie denn verrückt geworden seien usw.! Dann lässt er

20 mich wieder allein zurück.

Da sitzen sie nun vor mir. Sie hassen mich. Sie möchten mich ruinieren, meine Existenz und alles, nur weil sie es nicht vertragen können, dass ein Neger auch ein Mensch ist. Ihr seid keine Menschen, nein!

25 Aber wartet nur, Freunde! Ich werde mir wegen euch keine Disziplinarstrafe zuziehen, geschweige denn mein Brot verlieren – nichts zum Fressen soll ich haben, was? Keine Kleider, keine Schuhe? Kein Dach? Würd euch so passen! Nein, ich werde euch von nun ab nur mehr erzählen, dass es keine Menschen gibt, au-

30 ßer euch, ich will es euch so lange erzählen, bis euch die Neger rösten! Ihr wollt es ja nicht anders!

Die Pest

An diesem Abend wollt ich nicht schlafen gehen. Immer sah ich das Stenogramm vor mir – ja, sie wollen mich vernichten.

Wenn sie Indianer wären, würden sie mich an den Marterpfahl binden und skalpieren, und zwar mit dem besten Gewissen.

5 Sie sind überzeugt, sie hätten recht.

Es ist eine schreckliche Bande!

Oder versteh ich sie nicht? Bin ich denn mit meinen vierunddreißig Jahren bereits zu alt? Ist die Kluft zwischen uns tiefer als sonst zwischen Generationen?

10 Heut glaube ich, sie ist unüberbrückbar.

Dass diese Burschen alles ablehnen, was mir heilig ist, wär zwar noch nicht so schlimm. Schlimmer ist schon, wie sie es ablehnen, nämlich: ohne es zu kennen. Aber das Schlimmste ist, dass sie es überhaupt nicht kennenlernen wollen!

15 Alles Denken ist ihnen verhasst.

Sie pfeifen auf den Menschen! Sie wollen Maschinen sein, Schrauben, Räder, Kolben, Riemen – doch noch lieber als Maschinen wären sie Munition: Bomben, Schrapnells[1], Granaten. Wie gerne würden sie krepieren auf irgendeinem Feld! Der Name auf einem

20 Kriegerdenkmal ist der Traum ihrer Pubertät.

Doch halt! Ist es nicht eine große Tugend, diese Bereitschaft zum höchsten Opfer?

Gewiss, wenn es um eine gerechte Sache geht –

Um was geht es hier?

25 „Recht ist, was der eigenen Sippschaft frommt", sagt das Radio. Was uns nicht gut tut, ist Unrecht. Also ist alles erlaubt, Mord, Raub, Brandstiftung, Meineid – ja, es ist nicht nur erlaubt, sondern es gibt überhaupt keine Untaten, wenn sie im Interesse der Sippschaft[2] begangen werden! Was ist das?

30 Der Standpunkt des Verbrechers.

Als die reichen Plebejer im alten Rom fürchteten, dass das Volk seine Forderung, die Steuern zu erleichtern, durchdrücken

---

[1] Sprenggeschosse
[2] Verwandtschaft, hier: Gleichgesinnte

könnte, zogen sie sich in den Turm der Diktatur zurück. Und sie
verurteilten den Patrizier Manlius Capitolinus[1], der mit seinem
Vermögen plebejische Schuldner aus der Schuldhaft befreien
wollte, als Hochverräter zum Tode und stürzten ihn vom Tarpe-
jischen Felsen[2] hinab.

Seit es eine menschliche Gesellschaft gibt, kann sie aus Selbster-
haltungsgründen auf das Verbrechen nicht verzichten. Aber die
Verbrechen wurden verschwiegen, vertuscht, man hat sich ihrer
geschämt.

Heute ist man stolz auf sie.

Es ist eine Pest.

Wir sind alle verseucht, Freund und Feind. Unsere Seelen sind
voller schwarzer Beulen, bald werden sie sterben. Dann leben wir
weiter und sind doch tot.

Auch meine Seele ist schon schwach. Wenn ich in der Zeitung
lese, dass einer von denen umgekommen ist, denke ich: „Zu wenig! Zu wenig!"

Habe ich nicht auch heute gedacht: „Geht alle drauf?" Nein, jetzt
will ich nicht weiterdenken! Jetzt wasche ich meine Hände[3] und
geh ins Café. Dort sitzt immer wer, mit dem man Schach spielen
kann! Nur hinaus jetzt aus meinem Zimmer! Luft! –

Die Blumen, die ich von meiner Hausfrau zum Geburtstag bekam, sind verwelkt. Sie kommen auf den Mist. Morgen ist Sonntag.

In dem Café sitzt keiner, den ich kenne. Niemand.

Was tun?

Ich geh ins Kino.

In der Wochenschau seh ich die reichen Plebejer. Sie enthüllen
ihre eigenen Denkmäler, machen die ersten Spatenstiche und
nehmen die Paraden ihrer Leibgarden[4] ab. Dann folgt ein Mäus-
lein, das die größten Katzen besiegt, und dann eine spannende

---

[1] wurde 392 v. Chr. römischer Konsul
[2] Ort der Vollstreckung von Todesurteilen
[3] vgl. Psalm 73, 13
[4] Soldatentrupp zur Leibwache

Kriminalgeschichte, in der viel geschossen wird, damit das gute
Prinzip triumphieren möge.

Als ich das Kino verlasse, ist es Nacht.

Aber ich geh nicht nach Haus. Ich fürchte mich vor meinem Zim-
5 mer.

Drüben ist eine Bar, dort werd ich was trinken, wenn sie billig
ist.

Sie ist nicht teuer.

Ich trete ein. Ein Fräulein will mir Gesellschaft leisten.
10 „So ganz allein?", fragte sie.

„Ja", lächle ich, „leider –"

„Darf ich mich zu Ihnen setzen?"

„Nein."

Sie zieht sich gekränkt zurück. Ich wollt Ihnen nicht wehtun,
15 Fräulein. Seien Sie mir nicht böse, aber ich bin allein.

Das Zeitalter der Fische

Als ich den sechsten Schnaps getrunken hatte, dachte ich, man
müsste eine Waffe erfinden, mit der man jede Waffe um ihren
Effekt bringen könnte, gewissermaßen also: das Gegenteil einer
Waffe – ach, wenn ich nur ein Erfinder wäre, was würd ich nicht
20 alles erfinden! Wie glücklich wär die Welt!

Aber ich bin kein Erfinder, und was würde die Welt nicht alles
versäumen, wenn ich ihr Licht nicht erblickt hätte? Was würde die
Sonne dazu sagen? Und wer würde denn dann in meinem Zimmer wohnen?

25 Frag nicht so dumm, du bist betrunken! Du bist eben da. Was
willst du denn noch, wo du es gar nicht wissen kannst, ob es dein
Zimmer überhaupt geben würde, wenn du nicht geboren worden
wärst? Vielleicht wär dann dein Bett noch ein Baum! Na also!
Schäm dich, alter Esel, fragst mit metaphysischen Allüren[1], wie
30 ein Schulbub von anno dazumal, der seine Aufklärung in puncto

---

[1] Metaphysik: (philosophische) Lehre von den letzten, nicht erfahr- und
erkennbaren Gründen und Zusammenhängen des Seins; Allüre: Gehabe

Liebe noch nicht verdaut hat! Forsche nicht im Verborgenen, trink lieber deinen siebten Schnaps!

Ich trinke, ich trinke – Meine Damen und Herren, ich liebe den Frieden nicht! Ich wünsche uns allen den Tod! Aber keinen ein-
5 fachen, sondern einen komplizierten – man müsste die Folter wieder einführen, jawohl: die Folter! Man kann nicht genug Schuldgeständnisse erpressen, denn der Mensch ist schlecht!

Nach dem achten Schnaps nickte ich dem Pianisten freundlich zu, obwohl mir seine Musik bis zum sechsten Schnaps arg miss-
10 fiel. Ich bemerkte es gar nicht, dass ein Herr vor mir stand, der mich bereits zweimal angesprochen hatte. Erst beim drittenmal erblickte ich ihn.

Ich erkannte ihn sogleich.

Es war unser Julius Caesar[1].

15 Ursprünglich ein geachteter Kollege, ein Altphilologe vom Mäd-chenlyzeum[2], geriet er in eine böse Sache. Er ließ sich mit einer minderjährigen Schülerin ein und wurde eingesperrt. Man sah ihn lange nicht, dann hörte ich, er würde mit allerhand Schund hausieren, von Tür zu Tür. Er trug eine auffallend große Krawat-
20 tennadel, einen Miniaturtotenkopf, in welchem eine einzige Glühbirne stak, die mit einer Batterie in seiner Tasche verbunden war. Drückte er auf einen Knopf, leuchteten die Augenhöhlen sei-nes Totenkopfes rot auf. Das waren seine Scherze. Eine gestran-dete Existenz.

25 Ich weiß nicht mehr, wieso es kam, dass er plötzlich neben mir saß und dass wir in eine hitzige Debatte verstrickt waren. Ja, ich war sehr betrunken und erinnere mich nur an einzelne Ge-sprächsfetzen –

Julius Caesar sagt: „Was Sie da herumreden, verehrter Kollega[3], ist
30 lauter unausgegorenes Zeug! Höchste Zeit, dass Sie sich mal mit einem Menschen unterhalten, der nichts mehr zu erhoffen hat und der daher mit freiem Blick den Wandel der Generationen unbestechlich begreift! Also Sie, Kollega, und ich, das sind nach

---

[1] römischer Herrscher (geb. 100 v. Chr., gest. 44 v. Chr.)
[2] höhere Schule für Mädchen
[3] österr.: Kollege

Adam Riese zwei Generationen, und die Lausbuben in Ihrer Klasse sind auch eine Generation, zusammen sind wir also nach Adam Riese drei Generationen. Ich bin sechzig, Sie zirka dreißig und jene Lauser zirka vierzehn. Passt auf! Entscheidend für die Gesamthaltung eines ganzen Lebens sind die Erlebnisse der Pubertät, insbesondere beim männlichen Geschlecht."

„Langweilens mich nicht", sagte ich.

„Auch wenn ich Sie langweil, hörens mir zu, sonst werd ich wild! Also das oberste und einzigste Generalproblem der Pubertät meiner Generation war das Weib, das heißt: das Weib, das wir nicht bekamen. Denn damals war das noch nicht so. Infolgedessen war unser markantestes Erlebnis jener Tage die Selbstbefriedigung, samt allen ihren altmodischen Folgeerscheinungen, nämlich mit der, wie sichs leider erst später herausstellen sollte, völlig sinnlosen Angst vor gesundheitsschädigenden Konsequenzen etcetera. Mit anderen Worten: Wir stolperten über das Weib und schlitterten in den Weltkrieg hinein. Anlässlich nun Ihrer Pubertät, Kollega, war der Krieg gerade im schönsten Gange. Es gab keine Männer und die Weiber wurden williger. Ihr kamt gar nicht dazu, euch auf euch selbst zu besinnen, die unterernährte Damenwelt stürzte sich auf euer Frühlingserwachen. Für euere Generation war das Weib keine Heilige mehr, drum wird es euresgleichen auch nie restlos befriedigen, denn im tiefsten Winkel euerer Seelen sehnt ihr euch nach dem Reinen, Hehren, Unnahbaren – mit anderen Worten: nach der Selbstbefriedigung. In diesem Falle stolperten die Weiber über euch Jünglinge und schlitterten in die Vermännlichung hinein."

„Kollega, Sie sind ein Erotomane[1]."

„Wieso?"

„Weil Sie die ganze Schöpfung aus einem geschlechtlichen Winkel heraus betrachten. Das ist zwar ein Kennzeichen Ihrer Generation, besonders in Ihrem Alter – aber bleiben Sie doch nicht immer im Bett liegen! Stehen Sie auf, ziehen Sie den Vorhang zur Seite, lassen Sie Licht herein und blicken Sie mit mir hinaus!"

„Und was sehen wir draußen?"

---

[1] Mensch mit stark sexuell geprägter Weltsicht

„Nichts Schönes, jedoch trotzdem!"

„Mir scheint, Sie sind ein verkappter Romantiker! Ich bitt Sie, unterbrechens mich nicht mehr! Setz dich! Wir kommen jetzt zur dritten Generation, nämlich zu den heute Vierzehnjährigen: Für
5 die ist das Weib überhaupt kein Problem mehr, denn es gibt keine wahrhaften Frauen mehr, es gibt nur lernende, rudernde, gymnastiktreibende, marschierende Ungeheuer! Ist es Ihnen aufgefallen, dass die Weiber immer reizloser werden?"

„Sie sind ein einseitiger Mensch!"

10 „Wer möchte sich für eine rucksacktragende Venus[1] begeistern? Ich nicht! Jaja, das Unglück der heutigen Jugend ist, dass sie keine korrekte Pubertät mehr hat – erotisch, politisch, moralisch etcetera, alles wurde vermanscht, verpantscht, alles in einen Topf! Und außerdem wurden zu viele Niederlagen als Siege gefeiert, zu
15 oft wurden die innigsten Gefühle der Jugend in Anspruch genommen für irgendeinen Popanz[2], während sie es auf einer anderen Seite wieder zu bequem hat: Sie müssen ja nur das abschreiben, was das Radio zusammenblödelt, und schon bekommen sie die besten Noten. Aber es gibt auch noch Einzelne, Gott sei
20 Dank!"

„Was für Einzelne?"

Er sah sich ängstlich um, neigte sich dicht zu mir und sagte sehr leise: „Ich kenne eine Dame, deren Sohn geht ins Realgymnasium[3]. Robert heißt er und ist fünfzehn Jahre alt. Neulich hat er so
25 ein bestimmtes Buch gelesen, heimlich – nein, kein erotisches, sondern ein nihilistisches[4]. Es hieß ‚Über die Würde des menschlichen Lebens' und ist streng verboten."

Wir sahen uns an. Wir tranken.

„Sie glauben also, dass Einzelne von denen heimlich lesen?"

30 „Ich weiß es. Bei jener Dame ist manchmal ein direktes Kränzchen[5], sie ist oft schon ganz außer sich. Die Buben lesen alles.

---

[1] römische Göttin der Liebe
[2] hier: Unsinn
[3] österr. Schulform, die auf der Volksschule aufbaut
[4] Adj. zu Nihilismus: philosophische Strömung, die alles Bestehende für nichtig und sinnlos hält
[5] hier: regelmäßiges Treffen

Aber sie lesen nur, um spötteln zu können. Sie leben in einem Paradies der Dummheit, und ihr Ideal ist der Hohn. Es kommen kalte Zeiten, das Zeitalter der Fische."

„Der Fische?"

5 „Ich bin zwar nur ein Amateurastrolog, aber die Erde dreht sich in das Zeichen der Fische hinein. Da wird die Seele des Menschen unbeweglich wie das Antlitz eines Fisches." –

Das ist alles, was ich von der langen Debatte mit Julius Caesar behielt. Ich weiß nur noch, dass er, während ich sprach, öfters

10 seinen Totenkopf illuminierte[1], um mich zu irritieren. Aber ich ließ mich nicht, obwohl ich sinnlos betrunken war. –

Dann erwache ich in einem fremden Zimmer. Ich lieg in einem anderen Bett. Es ist finster und ich höre wen ruhig atmen. Es ist eine Frau – aha. Sie schläft. Bist du blond, schwarz, braun, rot?

15 Ich erinnere mich nicht. Wie siehst du denn aus? Soll ich die Lampe andrehen? Nein. Schlaf nur zu.

Vorsichtig stehe ich auf und trete ans Fenster.

Es ist noch Nacht. Ich sehe nichts. Keine Straße, kein Haus. Alles nur Nebel. Und der Schein einer fernen Laterne fällt auf den Ne-

20 bel, und der Nebel sieht aus wie Wasser. Als wäre mein Fenster unter dem Meer.

Ich schau nicht mehr hinaus.

Sonst schwimmen die Fische ans Fenster und schauen herein.

Der Tormann

Als ich morgens nach Hause kam, erwartete mich bereits meine

25 Hausfrau. Sie war sehr aufgeregt. „Es ist ein Herr da", sagte sie, „er wartet auf Sie schon seit zwanzig Minuten, ich hab ihn in den Salon[2] gesetzt. Wo waren Sie denn?"

„Bei Bekannten. Sie wohnen auswärts, und ich habe den letzten Zug verpasst, drum blieb ich gleich draußen über Nacht."

30 Ich betrat den Salon.

---

[1] erleuchten, aufleuchten lassen
[2] hier: Wohnzimmer

Dort stand ein kleiner, bescheidener Mann neben dem Piano. Er blätterte im Musikalbum, ich erkannte ihn nicht sogleich. Er hatte entzündete Augen. Übernächtig, ging es mir durch den Sinn. Oder hat er geweint? „Ich bin der Vater des W“, sagte er, „Herr Lehrer, Sie müssen mir helfen, es ist etwas Entsetzliches passiert! Mein Sohn wird sterben!“

„Was?!“

„Ja, er hat sich doch so furchtbar erkältet, heut vor acht Tagen beim Fußball im Stadion, und der Arzt meint, nur ein Wunder könnte ihn retten, aber es gibt keine Wunder, Herr Lehrer. Die Mutter weiß es noch gar nicht, ich wagte es ihr noch nicht mitzuteilen – mein Sohn ist nur noch manchmal bei Besinnung, Herr Lehrer, sonst hat er immer nur seine Fieberfantasien, aber wenn er bei Besinnung ist, verlangt er immer so sehr, jemanden zu sehen –“

„Mich?“

„Nein, nicht Sie, Herr Lehrer, er möchte den Tormann sehen, den Fußballer, der am letzten Sonntag so gut gespielt haben soll, der ist sein ganzes Ideal! Und ich dachte, Sie wüssten es vielleicht, wo ich diesen Tormann auftreiben könnt, vielleicht wenn man ihn bittet, dass er kommt.“

„Ich weiß, wo er wohnt“, sagte ich, „und ich werde mit ihm sprechen. Gehen Sie nur nach Hause, ich bring den Tormann mit!“

Er ging.

Ich zog mich rasch um und ging auch. Zum Tormann. Er wohnt in meiner Nähe. Ich kenne sein Sportgeschäft, das seine Schwester führt.

Da es Sonntag war, war es geschlossen. Aber der Tormann wohnt im selben Haus, im dritten Stock.

Er frühstückte gerade. Das Zimmer war voller Trophäen. Er war sofort bereit, mitzukommen. Er ließ sogar sein Frühstück stehen und lief vor mir die Treppen hinab. Er nahm uns ein Taxi und ließ mich nicht zahlen.

In der Haustür empfing uns der Vater. Er schien noch kleiner geworden zu sein. „Er ist nicht bei sich“, sagte er leise, „und der Arzt ist da, aber kommen Sie nur herein, meine Herren! Ich danke Ihnen vielmals, Herr Tormann!“

Das Zimmer war halbdunkel, und in der Ecke stand ein breites Bett. Dort lag er. Sein Kopf war hochrot, und es fiel mir ein, dass er der Kleinste der Klasse war. Seine Mutter war auch klein.

Der große Tormann blieb verlegen stehen. Also hier lag einer sei-
5 ner ehrlichsten Bewunderer. Einer von den vielen Tausend, die ihm zujubeln, die am meisten schreien, die seine Biografie kennen, die ihn um Autogramme bitten, die so gerne hinter seinem Tor sitzen und die er durch die Ordner immer wieder vertreiben lässt. Er setzte sich still neben das Bett und sah ihn an.

10 Die Mutter beugte sich über das Bett. „Heinrich", sagte sie, „der Tormann ist da."

Der Junge öffnete die Augen und erblickte den Tormann.

„Fein", lächelte er.

„Ich bin gekommen", sagte der Tormann, „denn du wolltest mich
15 sehen."

„Wann spielt ihr gegen England?", fragte der Junge.

„Das wissen die Götter", meinte der Tormann, „sie streiten sich im Verband herum, und die oberste Sportbehörde funkt dazwischen! Wir haben Terminschwierigkeiten – ich glaub, wir werden
20 eher noch gegen Schottland spielen."

„Gegen die Schotten geht's leichter –"

„Oho! Die Schotten schießen ungeheuer rasch und aus jeder Lage."

„Erzähl, erzähl!"

25 Und der Tormann erzählte. Er sprach von berühmt gewordenen Siegen und unverdienten Niederlagen, von strengen Schiedsrichtern und korrupten Linienrichtern. Er stand auf, nahm zwei Stühle, markierte mit ihnen das Tor und demonstrierte, wie er einst zwei Elfer hintereinander abgewehrt hatte. Er zeigte seine Narbe
30 auf der Stirne, die er sich in Lissabon bei einer tollkühnen Parade[1] geholt hatte. Und er sprach von fernen Ländern, in denen er sein Heiligtum hütete, von Afrika, wo die Beduinen[2] mit dem Gewehr im Publikum sitzen, und von der schönen Insel Malta, wo das Spielfeld leider aus Stein besteht –

---

[1] hier: Abwehr eines Torschusses
[2] Wüstenvolk

Und während der Tormann erzählte, schlief der kleine W ein. Mit einem seligen Lächeln, still und friedlich. – – – Das Begräbnis fand an einem Mittwoch statt, nachmittags um halb zwei. Die Märzsonne schien, Ostern war nicht mehr weit.

5 Wir standen um das offene Grab. Der Sarg lag schon drunten. Der Direktor war anwesend mit fast allen Kollegen, nur der Physiker fehlte, ein Sonderling. Der Pfarrer hielt die Grabrede, die Eltern und einige Verwandte verharrten regungslos. Und im Halbkreis uns gegenüber standen die Mitschüler des Verstor-
10 benen, die ganze Klasse, alle fünfundzwanzig.

Neben dem Grab lagen die Blumen. Ein schöner Kranz trug auf einer gelb-grünen Schleife die Worte: „Letzte Grüße Dein Tormann."

Und während der Pfarrer von der Blume sprach, die blüht und
15 bricht, entdeckte ich den N.

Er stand hinter dem L, H und F.

Ich beobachtete ihn. Nichts rührte sich in seinem Gesicht.

Jetzt sah er mich an.

Er ist dein Todfeind, fühlte ich. Er hält dich für einen Verderber.
20 Wehe, wenn er älter wird! Dann wird er alles zerstören, selbst die Ruinen deiner Erinnerung.

Er wünscht dir, du lägest jetzt da drunten. Und er wird auch dein Grab vernichten, damit es niemand erfährt, dass du gelebt hast.

Du darfst es dir nicht anmerken lassen, dass du weißt, was er
25 denkt, ging es mir plötzlich durch den Sinn. Behalte sie für dich, deine bescheidenen Ideale, es werden auch nach einem N noch welche kommen, andere Generationen – glaub nur ja nicht, Freund N, dass du meine Ideale überleben wirst! Mich vielleicht.

Und wie ich so dachte, spürte ich, dass mich außer dem N noch
30 einer anstarrte. Es war der T.

Er lächelte leise, überlegen und spöttisch.

Hat er meine Gedanken erraten?

Er lächelte noch immer, seltsam starr.

Zwei helle runde Augen schauen mich an. Ohne Schimmer, ohne
35 Glanz.

Ein Fisch?

Der totale Krieg[1]

Vor drei Jahren erließ die Aufsichtsbehörde eine Verordnung, durch welche sie die üblichen Osterferien in gewisser Hinsicht aufhob. Es erging nämlich die Weisung an alle Mittelschulen[2], anschließend an das Osterfest die Zeltlager zu beziehen. Unter „Zeltlager" verstand man eine vormilitärische Ausbildung. Die Schüler mussten klassenweise auf zehn Tage in die sogenannte freie Natur hinaus und dort, wie die Soldaten, in Zelten kampieren, unter Aufsicht des Klassenvorstands[3]. Sie wurden von Unteroffizieren im Ruhestand ausgebildet, mussten exerzieren, marschieren und vom vierzehnten Lebensjahr ab auch schießen. Natürlich waren die Schüler begeistert dabei, und wir Lehrer freuten uns auch, denn auch wir spielen gerne Indianer.

Am Osterdienstag konnten also die Bewohner eines abgelegenen Dorfes einen mächtigen Autobus anrollen sehen. Der Chauffeur hupte, als käme die Feuerwehr, Gänse und Hühner flohen entsetzt, die Hunde bellten und alles lief zusammen. „Die Buben sind da! Die Buben aus der Stadt!" Wir sind um acht Uhr früh vor unserem Gymnasium abgefahren, und jetzt war es halb drei, als wir vor dem Gemeindeamte hielten.

Der Bürgermeister begrüßt uns, der Gendarmerieinspektor[4] salutiert. Der Lehrer des Dorfes ist natürlich am Platz, und dort eilt auch schon der Pfarrer herbei, er hat sich verspätet, ein runder freundlicher Herr.

Der Bürgermeister zeigt mir auf der Landkarte, wo sich unser Zeltlager befindet. Eine gute Stunde weit, wenn man gemütlich geht. „Der Feldwebel[5] ist bereits dort", sagt der Inspektor, „zwei Pioniere haben auf einem Pionierwagen die Zeltbahnen hinaufgeschafft, schon in aller Herrgottsfrüh!"

---

[1] vgl. die sog. „Sportpalastrede" des Reichspropagandaministers Joseph Goebbels vom 18. Februar 1943: „Wollt ihr den totalen Krieg?"
[2] Schulformen, die auf die Grundschule folgen
[3] österr.: Klassenlehrer, Klassenleitung
[4] Polizeibeamter im gehobenen Dienst
[5] Unteroffizier

Während die Jungen aussteigen und ihr Gepäck zusammenklau-
ben, betrachte ich noch die Landkarte: Das Dorf liegt 761 Meter
hoch über dem fernen Meere, wir sind schon sehr in der Nähe der
großen Berge, lauter Zweitausender. Aber hinter denen stehen
5 erst die ganz hohen und dunklen mit dem ewigen Schnee.
„Was ist das?", frage ich den Bürgermeister und deute auf einen
Gebäudekomplex auf der Karte, am westlichen Rande des Dorfes.
„Das ist unsere Fabrik", sagt der Bürgermeister, „das größte Sägewerk im Bezirk, aber leider wurde es voriges Jahr stillgelegt. Aus
10 Rentabilitätsgründen" – fügt er noch hinzu und lächelt. „Jetzt haben wir viele Arbeitslose, es ist eine Not."
Der Lehrer mischt sich ins Gespräch und setzt es mir auseinander, dass das Sägewerk einem Konzern gehört, und ich merke,
dass er mit den Aktionären und Aufsichtsräten nicht sympathi-
15 siert. Ich auch nicht. Das Dorf sei arm, erklärt er mir weiter, die
Hälfte lebe von Heimarbeit mit einem empörenden Schundlohn,
ein Drittel der Kinder sei unterernährt –
„Jaja", lächelt der Gendarmerieinspektor, „und das alles in der
schönen Natur!"
20 Bevor wir zum Zeltlager aufbrechen, zieht mich noch der Pfarrer
beiseite und spricht: „Hörens mal, verehrter Herr Lehrer, ich
möchte Sie nur auf eine Kleinigkeit aufmerksam machen: Andert-
halb Stunden von Ihrem Lagerplatz befindet sich ein Schloss, der
Staat hat's erworben, und jetzt sind dort Mädchen einquartiert,
25 auch so ungefähr im Alter Ihrer Buben da. Und die Mädchen laufen auch den ganzen Tag und die halbe Nacht umher, passens ein
bisschen auf, dass mir keine Klagen kommen" – er lächelt.
„Ich werde aufpassen."
„Nichts für ungut", meint er, „aber wenn man fünfunddreißig
30 Jahre im Beichtstuhl verbracht hat, wird man skeptisch bei an-
derthalb Stund Entfernung." Er lacht. „Kommens mal zu mir,
Herr Lehrer, ich hab einen prima neuen Wein bekommen!"
Um drei Uhr marschieren wir ab. Zuerst durch eine Schlucht,
dann rechts einen Hang empor. In Serpentinen. Wir sehen ins Tal
35 zurück. Es riecht nach Harz, der Wald ist lang. Endlich wird es
lichter: Vor uns liegt die Wiese, unser Platz. Wir kamen den Ber-
gen immer näher.

Der Feldwebel und die beiden Pioniere[1] sitzen auf Zeltbahnen und spielen Karten. Als sie uns kommen sehen, stehen sie rasch auf, und der Feldwebel stellt sich mir militärisch vor. Ein ungefähr fünfzigjähriger Mann in der Reserve[2]. Er trägt eine einfache
5 Brille, sicher kein unrechter Mensch.

Nun geht's an die Arbeit. Der Feldwebel und die Pioniere zeigen den Jungen, wie man Zelte baut, auch ich baue mit. In der Mitte des Lagers lassen wir ein Viereck frei, dort hissen wir unsere Fahne. Nach drei Stunden steht die Stadt. Die Pioniere salutieren und
10 steigen ins Dorf hinab.

Neben der Fahnenstange liegt eine große Kiste: Dort sind die Gewehre drin. Die Schießscheiben werden aufgestellt: hölzerne Soldaten in einer fremden Uniform. Der Abend kommt, wir zünden Feuer an und kochen ab. Es schmeckt uns gut und wir singen
15 Soldatenlieder. Der Feldwebel trinkt einen Schnaps und wird heiser. Jetzt weht der Bergwind.

„Der kommt von den Gletschern", sagen die Jungen und husten. Ich denke an den toten W.

Ja, du warst der Kleinste der Klasse – und der Freundlichste. Ich
20 glaube, du wärest der Einzige gewesen, der nichts gegen die Neger geschrieben hätt. Drum musstest du auch weg. Wo bist du jetzt?

Hat dich ein Engel geholt, wie im Märchen?

Flog er mit dir dorthin, wo all die seligen Fußballer spielen? Wo
25 auch der Tormann ein Engel ist und vor allem der Schiedsrichter, der abpfeift, wenn einer dem Ball nachfliegt? Denn das ist im Himmel das Abseits. Sitzt du gut? Natürlich! Dort droben sitzt jeder auf der Tribüne, erste Reihe, Mitte, während die bösen Ordner, die dich immer hinter dem Tor vertrieben, jetzt hinter lauter
30 Riesen stehen und nicht aufs Spielfeld schauen können. –

Es wird Nacht.

Wir gehen schlafen. „Morgen beginnt der Ernst!", meint der Feldwebel.

Er schläft mit mir im selben Zelt.

---

[1] Soldaten der technische Truppe
[2] ehemaliger Soldat, der bei Bedarf eingesetzt wird

Er schnarcht.

Ich entzünde noch mal meine Taschenlampe, um nach der Uhr zu sehen, und entdecke dabei auf der Zeltwand neben mir einen braunroten Fleck. Was ist das?

5 Und ich denke, morgen beginnt der Ernst. Ja, der Ernst. In einer Kiste neben der Fahnenstange liegt der Krieg. Ja, der Krieg.

Wir stehen im Feld.

Und ich denke an die beiden Pioniere, an den Feldwebel in der Reserve, der noch kommandieren muss, und an die hölzernen

10 Soldaten, an denen man das Schießen lernt; der Direktor fällt mir ein, der N und sein Vater, der Herr Bäckermeister bei Philippi; und ich denke an das Sägewerk, das nicht mehr sägt, und an die Aktionäre, die trotzdem mehr verdienen, an den Gendarmen, der lächelt, an den Pfarrer, der trinkt, an die Neger, die nicht leben

15 müssen, an die Heimarbeiter, die nicht leben können, an die Aufsichtsbehörde und an die unterernährten Kinder. Und an die Fische.

Wir stehen alle im Feld. Doch wo ist die Front?

Der Nachtwind weht, der Feldwebel schnarcht.

20 Was ist das für ein braunroter Fleck?

Blut?

Die marschierende Venus

Die Sonne kommt, wir stehen auf. Wir waschen uns im Bach und kochen Tee. Nach dem Frühstück lässt der Feldwebel die Jungen der Größe nach in zwei Reihen hintereinander antreten. Sie zäh-

25 len ab, er teilt sie ein, in Züge und Gruppen. „Heut wird noch nicht geschossen", sagt er, „heut wird erst ein bisschen exerziert!" Er kontrolliert scharf, ob die Reihen schnurgerad stehen. Das eine Auge kneift er zu: „Etwas vor, etwas zurück – besonders der dritte dort hinten, er steht ja einen Kilometer zu weit vorn!" Der dritte

30 ist der Z. Wie schwer sich der einreihen lässt, wunder ich mich, und plötzlich hör ich die Stimme des N. Er fährt den Z an: „Hierher, Idiot!"

„Na, na, na!", meint der Feldwebel. „Nur nicht grob werden! Das war mal, dass man die Soldaten beschimpft hat, aber heut gibt's keine Beleidigungen mehr, merk dir das, ja?!"

Der N schweigt. Er wird rot und trifft mich mit einem flüchtigen
5 Blick. Jetzt könnt er dich aber gleich erwürgen, fühle ich, denn er ist der Blamierte. Es freut mich, aber ich lächle nicht.

„Regiment¹ marsch!", kommandiert der Feldwebel, und dann zieht es davon, das Regiment. Vorne die Großen, hinten die Kleinen. Bald sind sie im Wald verschwunden.

10 Zwei blieben mit mir im Lager zurück, ein M und ein B. Sie schälen Kartoffeln und kochen die Suppe. Sie schälen mit stummer Begeisterung.

„Herr Lehrer!", ruft plötzlich der M. „Schauens mal, was dort anmarschiert kommt!" Ich schaue hin: In militärischer Ordnung
15 marschieren etwa zwanzig Mädchen auf uns zu, sie tragen schwere Rucksäcke, und als sie näher kommen, hören wir, dass sie singen. Sie singen Soldatenlieder mit zirpendem Sopran. Der B lacht laut. Jetzt erblicken sie unser Zeltlager und halten. Die Führerin spricht auf die Mädchen ein und geht dann allein auf uns zu. Es
20 sind zirka zweihundert Meter. Ich geh ihr entgegen.

Wir werden bekannt, sie ist Lehrerin in einer größeren Provinzstadt, und die Mädchen gehen in ihre Klasse. Jetzt wohnen sie in einem Schloss, es sind also dieselben, vor denen mich der Herr Pfarrer warnte.

25 Ich begleite meine Kollegin zurück, die Mädchen starren mich an, wie Kühe auf der Weide. Nein, der Herr Pfarrer braucht sich keine Sorgen zu machen, denn, alles was recht ist, einladend sehen diese Geschöpfe nicht aus!

Verschwitzt, verschmutzt und ungepflegt, bieten sie dem Be-
30 trachter keinen erfreulichen Anblick.

Die Lehrerin scheint meine Gedanken zu erraten, sie ist also wenigstens noch in puncto Gedankenlesen ein Weib, und setzt mir Folgendes auseinander: „Wir berücksichtigen weder Flitter noch Tand, wir legen mehr Wert auf das Leistungsprinzip als auf das
35 Darbietungsprinzip."

---

¹ militärische Formation mittlerer Größe

Ich will mich mit ihr nicht über den Unwert der verschiedenen Prinzipien auseinandersetzen, sage nur: „Aha!", und denke mir, neben diesen armen Tieren ist ja selbst der N noch ein Mensch.

„Wir sind eben Amazonen[1]", fährt die Lehrerin fort. Aber die
5 Amazonen sind nur eine Sage, doch ihr seid leider Realität. Lauter missleitete Töchter der Eva!

Julius Caesar fällt mir ein.

Er kann sich für keine rucksacktragende Venus begeistern. Ich auch nicht. –
10 Bevor sie weitermarschieren, erzählt mir die Lehrerin noch, die Mädchen würden heute Vormittag den verschollenen Flieger suchen. Wieso, ist einer abgestürzt? Nein, das „Verschollenen-Flieger-Suchen" sei nur ein neues wehrsportliches Spiel[2] für die weibliche Jugend. Ein großer weißer Karton wird irgendwo im Unter-
15 holz versteckt, die Mädchen schwärmen in Schwarmlinie[3] durch das Unterholz und suchen und suchen den Karton. „Es ist für den Fall eines Krieges gedacht", fügt sie noch erläuternd hinzu, „damit wir gleich eingesetzt werden können, wenn einer abgestürzt ist. Im Hinterland natürlich, denn Weiber kommen ja leider nicht
20 an die Front."

Leider!

Dann ziehen sie weiter, in militärischer Ordnung. Ich seh ihnen nach: Vom vielen Marschieren wurden die kurzen Beine immer kürzer. Und dicker.
25 Marschiert nur zu, Mütter der Zukunft!

Unkraut

Der Himmel ist zart, die Erde blass. Die Welt ist ein Aquarell mit dem Titel: „April".

Ich geh um das Lager herum und folge dann einem Feldweg. Was liegt dort hinter dem Hügel?

---

[1] Volk kriegerischer Frauen aus der griechischen Mythologie
[2] spielerische Übung zur Vorbereitung auf den Militäreinsatz
[3] zerstreute Anordnung

Der Weg macht eine große Krümmung, er weicht dem Unterholz aus. Die Luft ist still, wie die ewige Ruh. Nichts brummt, nichts summt. Die meisten Käfer schlafen noch.

Hinter dem Hügel liegt in einer Mulde ein einsamer Bauernhof.
5 Kein Mensch ist zu sehen. Auch der Hund scheint fortgegangen zu sein. Ich will schon hinabsteigen, da halte ich unwillkürlich, denn plötzlich erblicke ich hinter der Hecke an der schmalen Straße, die am Hof vorbeiführt, drei Gestalten. Es sind Kinder, die sich verstecken, zwei Buben und ein Mädchen. Die Buben dürf-
10 ten dreizehn Jahre alt sein, das Mädchen vielleicht zwei Jahre älter. Sie sind barfuß. Was treiben sie dort, warum verstecken sie sich? Ich warte. Jetzt erhebt sich der eine Bub und geht auf den Hof zu, plötzlich schrickt er zusammen und verkriecht sich rasch wieder hinter der Hecke. Ich höre einen Wagen rasseln. Ein Holz-
15 fuhrwerk mit schweren Pferden fährt langsam vorbei. Als es nicht mehr zu sehen ist, geht der Bub wieder auf den Hof zu, er tritt an die Haustür und klopft. Er muss mit einem Hammer geklopft haben, denke ich, denn es dröhnte so laut. Er lauscht und die beiden anderen auch. Das Mädel hat sich emporgereckt und
20 schaut über die Hecke. Sie ist groß und schlank, geht es mir durch den Sinn. Jetzt klopft der Bub wieder, noch lauter. Da öffnet sich die Haustür und eine alte Bäuerin erscheint, sie geht gebückt auf einen Stock. Sie sieht sich um, als würde sie schnuppern. Der Bub gibt keinen Ton von sich. Plötzlich ruft die Alte: „Wer ist denn
25 da?!" Warum ruft sie, wenn der Bub vor ihr steht? Jetzt schreit sie wieder: „Wer ist denn da?!" Sie geht mit dem Stock tastend an dem Buben vorbei, sie scheint ihn nicht zu sehen – ist sie denn blind? Das Mädel deutet auf die offene Haustür, es sieht aus, als wär's ein Befehl, und der Bub schleicht auf Zehenspitzen ins Haus
30 hinein. Die Alte steht und lauscht. Ja, sie ist blind. Jetzt klirrt's im Haus, als wär ein Teller zerbrochen. Die Blinde zuckt furchtbar zusammen und brüllt: „Hilfe! Hilfe!" – da stürzt das Mädel auf sie los und hält ihr den Mund zu, der Bub erscheint in der Haustür mit einem Laib Brot und einer Vase, das Mädel schlägt der Alten
35 den Stock aus der Hand – ich rase hinab. Die Blinde wankt, stolpert und stürzt, die drei Kinder sind verschwunden.

Ich bemühe mich um die Alte, sie wimmert. Ein Bauer eilt herbei, er hat das Geschrei gehört und hilft mir. Wir bringen sie in das Haus, und ich erzähle dem Bauer, was ich beobachtet habe. Er ist nicht sonderlich überrascht: „Jaja, sie haben die Mutter herausgelockt, damit sie durch die offene Tür hineinkönnen, es ist immer dieselbe Bagage[1], man fasst sie nur nicht. Sie stehlen wie die Raben, eine ganze Räuberbande!"

„Kinder?!"

„Ja", nickt der Bauer, „auch drüben im Schloss, wo die Mädchen liegen, haben sie schon gestohlen. Erst unlängst die halbe Wäsch. Passens nur auf, dass sie Ihnen im Lager keinen Besuch abstatten!"

„Nein – nein! Wir passen schon auf!"

„Denen trau ich alles zu. Es ist Unkraut und gehört vertilgt!"

Der verschollene Flieger

Ich gehe ins Lager zurück. Die Blinde hat sich beruhigt und war mir dankbar. Wofür? Ist es denn nicht selbstverständlich, dass ich sie nicht auf dem Boden liegen ließ? Eine verrohte Gesellschaft, diese Kinder!

Ich halte plötzlich, denn es wird mir ganz seltsam zumute. Ich entrüste mich ja gar nicht über diesen Roheitsakt, geschweige denn über das gestohlene Brot, ich verurteile nur. Warum bin ich nur nicht empört? Weil es arme Kinder sind, die nichts zum Fressen haben? Nein, das ist es nicht.

Der Weg macht eine große Krümmung, und ich schneide ihn ab. Das darf ich mir ruhig leisten, denn ich habe einen guten Orientierungssinn und werde das Zeltlager finden.

Ich gehe durch das Unterholz. Hier steht das Unkraut und gedeiht. Immer muss ich an das Mädel denken, wie es sich reckt und über die Hecke schaut. Ist sie der Räuberhauptmann? Ihre Augen möchte ich sehen. Nein, ich bin kein Heiliger!

Das Dickicht wird immer schlimmer.

Was liegt denn dort?

---

[1] Gesindel

Ein weißer Karton. Darauf steht mit roten Buchstaben „Flugzeug". Ach, der verschollene Flieger! Sie haben ihn noch nicht gefunden.

Also hier bist du abgestürzt? War es ein Luftkampf oder ein Ab-
5 wehrgeschütz? Bist du ein Bomber gewesen? Jetzt liegst du da, zerschmettert, verbrannt, verkohlt. Karton, Karton!

Oder lebst du noch? Bist schwer verwundet und sie finden dich nicht? Bist ein feindlicher oder ein eigener? Wofür stirbst du jetzt, verschollener Flieger? Karton, Karton!

10 Und da höre ich eine Stimme: „Niemand kann das ändern" – es ist die Stimme einer Frau. Traurig und warm. Sie klingt aus dem Dickicht.

Vorsichtig biege ich die Äste zurück.

Dort sitzen zwei Mädchen vom Schloss. Mit den Beinen, kurz und
15 dick. Die eine hält einen Kamm in der Hand, die andere weint.

„Was geht er mich denn an, der verschollene Flieger?", schluchzt sie. „Was soll ich denn da im Wald herumlaufen? Schau, wie meine Beine geschwollen sind, ich möcht nicht mehr marschieren! Von mir aus soll er draufgehen, der verschollene Flieger, ich
20 möcht auch leben! Nein, ich will fort, Annie, fort! Nur nicht mehr im Schloss schlafen, das ist ja ein Zuchthaus[1]! Ich möcht mich waschen und kämmen und bürsten!"

„Sei ruhig", tröstet sie Annie und kämmt ihr liebevoll das fette Haar aus dem verweinten Gesicht. „Was sollen wir armen Mäd-
25 chen tun? Auch die Lehrerin hat neulich heimlich geweint. Mama sagt immer, die Männer sind verrückt geworden und machen die Gesetze."

Ich horche auf. Die Männer?

Jetzt küsst Annie ihre Freundin auf die Stirne, und ich schäme
30 mich. Wie schnell war ich heut mit dem Spott dabei!

Ja, vielleicht hat Annies Mama recht. Die Männer sind verrückt geworden, und die nicht verrückt geworden sind, denen fehlt der Mut, die tobenden Irrsinnigen in die Zwangsjacken zu stecken.

Ja, sie hat recht.

35 Auch ich bin feig.

---

[1] Gefängnis

Geh heim!

Ich betrete das Lager. Die Kartoffeln sind geschält, die Suppe dampft. Das Regiment ist wieder zu Haus. Die Jungen sind munter, nur der Feldwebel klagt über Kopfschmerzen. Er hat sich etwas überanstrengt, doch will er's nicht zugeben. Plötzlich fragt er:
5 „Für wie alt halten Sie mich, Herr Lehrer?" „Zirka fünfzig." „Dreiundsechzig", lächelt er geschmeichelt, „ich war sogar im Weltkrieg schon Landsturm[1]." Ich fürchte, er beginnt, Kriegserlebnisse zu erzählen, aber ich fürchte mich umsonst. „Reden wir lieber nicht vom Krieg", sagt er, „ich hab drei erwachsene Söhne."
10 Er betrachtet sinnend die Berge und schluckt das Aspirin. Ein Mensch.
Ich erzähl ihm von der Räuberbande. Er springt auf und lässt die Jungen sofort antreten. Er hält eine Ansprache an sein Regiment: In der Nacht würden Wachen aufgestellt werden, je vier Jungen
15 für je zwei Stunden. Osten, Westen, Süden, Norden, denn das Lager müsste verteidigt werden, Gut mit Blut[2], bis zum letzten Mann!
Die Jungen schreien begeistert „Hurrah!".
„Komisch", meint der Feldwebel, „jetzt hab ich keine Kopf-
20 schmerzen mehr" –
Nach dem Mittagessen steig ich ins Dorf hinab. Ich muss mit dem Bürgermeister verschiedene Fragen ordnen: einige Formalitäten und die Nahrungsmittelzufuhr, denn ohne zu essen kann man nicht exerzieren.
25 Beim Bürgermeister treffe ich den Pfarrer, und er lässt nicht locker, ich muss zu ihm mit seinen neuen prima Wein probieren. Ich trinke gern, und der Pfarrer ist ein gemütlicher Herr.
Wir gehen durchs Dorf, und die Bauern grüßen den Pfarrer. Er führt mich den kürzesten Weg zum Pfarrhaus. Jetzt biegen wir in
30 eine Seitenstraße. Hier hören die Bauern auf.
„Hier wohnen die Heimarbeiter", sagt der Pfarrer und blickt zum Himmel empor.

---

[1] letztes Aufgebot an Wehrpflichtigen im Kriegsfall
[2] Aufruf in Anlehnung an eine österreichische Kaiserhymne

Die grauen Häuser stehen dicht beieinander. An den offenen
Fenstern sitzen lauter Kinder mit weißen alten Gesichtern und
bemalen bunte Puppen. Hinter ihnen ist es schwarz. „Sie sparen
das Licht", sagt der Pfarrer und fügt noch hinzu: „Sie grüßen
5 mich nicht, sie sind verhetzt[1]." Er beginnt plötzlich schneller zu
gehen. Ich gehe gerne mit.

Die Kinder sehen mich groß an, seltsam starr. Nein, das sind keine Fische, das ist kein Hohn, das ist Hass. Und hinter dem Hass
sitzt die Trauer in den finstern Zimmern. Sie sparen das Licht,
10 denn sie haben kein Licht. Das Pfarrhaus liegt neben der Kirche.
Die Kirche ist ein strenger Bau, das Pfarrhaus liegt gemächlich
da. Um die Kirche herum liegt der Friedhof, um das Pfarrhaus
herum ein Garten. Im Kirchturm läuten die Glocken, aus dem
Rauchfang[2] des Pfarrhauses steigt blauer Dunst. Im Garten des
15 Todes blühen die weißen Blumen, im Garten des Pfarrers wächst
das Gemüse. Dort stehen Kreuze, hier steht ein Gartenzwerg.
Und ein ruhendes Reh. Und ein Pilz.

Im Pfarrhaus drinnen ist Sauberkeit. Kein Stäubchen fliegt durch
die Luft. Im Friedhof daneben wird alles zu Staub.
20 Der Pfarrer führt mich in sein schönstes Zimmer. „Nehmen Sie
Platz, ich hole den Wein!"

Er geht in den Keller, ich bleibe allein.

Ich setze mich nicht.

An der Wand hängt ein Bild.
25 Ich kenne es.

Es hängt auch bei meinen Eltern.

Sie sind sehr fromm.

Es war im Krieg, da habe ich Gott verlassen. Es war zu viel verlangt von einem Kerl in den Flegeljahren, dass er begreift, dass
30 Gott einen Weltkrieg zulässt.

Ich betrachte noch immer das Bild.

Gott hängt am Kreuz. Er ist gestorben. Maria weint und Johannes
tröstet sie. Den schwarzen Himmel durchzuckt ein Blitz. Und

---

[1] aufgehetzt
[2] Schornstein

rechts im Vordergrunde steht ein Krieger, in Helm und Panzer, der römische Hauptmann.

Und wie ich das Bild so betrachte, bekomme ich Sehnsucht nach meinem Vaterhaus.

5 Ich möchte wieder klein sein.

Aus dem Fenster schauen, wenn es stürmt.

Wenn die Wolken niedrig hängen, wenn es donnert, wenn es hagelt.

Wenn der Tag dunkel wird.

10 Und es fällt mir meine erste Liebe ein. Ich möcht sie nicht wiedersehen.

Geh heim!

Und es fällt mir die Bank ein, auf der ich saß und überlegte: Was willst du werden? Lehrer oder Arzt?

15 Lieber als Arzt wollte ich Lehrer werden. Lieber als Kranke heilen, wollte ich Gesunden etwas mitgeben, einen winzigen Stein für den Bau einer schöneren Zukunft.

Die Wolken ziehen, jetzt kommt der Schnee.

Geh heim!

20 Heim, wo du geboren wurdest. Was suchst du noch auf der Welt?

Mein Beruf freut mich nicht mehr.

Geh heim!

Auf der Suche nach den Idealen der Menschheit

Der Wein des Pfarrers schmeckt nach Sonne. Aber der Kuchen
25 nach Weihrauch. Wir sitzen in der Ecke.

Er hat mir sein Haus gezeigt.

Seine Köchin ist fett. Sicher kocht sie gut.

„Ich esse nicht viel", sagt plötzlich der Pfarrer.

Hat er meine Gedanken erraten?

30 „Ich trinke aber umso mehr", sagte er und lacht.

Ich kann nicht recht lachen. Der Wein schmeckt und schmeckt doch nicht. Ich rede und stocke, immer wieder befangen. Warum nur?

„Ich weiß, was Sie beschäftigt", meint der Pfarrer, „Sie denken an die Kinder, die in den Fenstern sitzen und die Puppen bemalen und mich nicht grüßen."

Ja, an die Kinder denke ich auch.

5 „Es überrascht Sie, wie mir scheint, dass ich Ihre Gedanken errate, aber das fällt mir nicht schwer, denn der Herr Lehrer hier im Dorfe sieht nämlich auch überall nur jene Kinder. Wir debattieren, wo wir uns treffen. Mit mir kann man nämlich ruhig reden, ich gehöre nicht zu jenen Priestern, die nicht hinhören oder böse

10 werden, ich halte es mit dem heiligen Ignatius[1], der sagt: Ich gehe mit jedem Menschen durch seine Tür hinein, um ihn bei meiner Tür hinauszuführen."

Ich lächle ein wenig und schweige.

Er trinkt sein Glas aus.

15 Ich schau ihn abwartend an. Noch kenne ich mich nicht aus.

„Die Ursache der Not", fährt er fort, „besteht nicht darin, dass mir der Wein schmeckt, sondern darin, dass das Sägewerk nicht mehr sägt. Unser Lehrer ist hier der Meinung, dass wir durch die überhastete Entwicklung der Technik andere Produktionsverhältnisse

20 brauchen und eine ganz neuartige Kontrolle des Besitzes. Er hat recht. Warum schauen Sie mich so überrascht an?"

„Darf man offen reden?"

„Nur!"

„Ich denke, dass die Kirche immer auf der Seite der Reichen

25 steht."

„Das stimmt. Weil sie muss?"

„Muss?"

„Kennen Sie einen Staat, in dem nicht die Reichen regieren? ‚Reichsein' ist doch nicht nur identisch mit ‚Geldhaben' – und

30 wenn es keine Sägewerksaktionäre mehr geben wird, dann werden eben andere Reiche regieren, man braucht keine Aktien, um reich zu sein. Es wird immer Werte geben, von denen einige Leute mehr haben werden als alle Übrigen zusammen. Mehr Sterne am Kragen, mehr Streifen am Ärmel, mehr Orden auf der Brust,

35 sichtbar oder unsichtbar, denn Arm und Reich wird es immer ge-

---

[1] Ignatius von Loyola (1491–1556), Gründer des Jesuitenordens

ben, genau wie dumm und gescheit. Und der Kirche, Herr Lehrer, ist leider nicht die Macht gegeben, zu bestimmen, wie ein Staat regiert werden soll. Es ist aber ihre Pflicht, immer aufseiten des Staates zu stehen, der leider immer nur von den Reichen regiert
5 werden wird."

„Ihre Pflicht?"

„Da der Mensch von Natur aus ein geselliges Wesen ist, ist er auf eine Verbindung in Familie, Gemeinde und Staat angewiesen. Der Staat ist eine rein menschliche Einrichtung, die nur den ei-
10 nen Zweck haben soll, die irdische Glückseligkeit nach Möglichkeit herzustellen. Er ist naturnotwendig, also gottgewollt, der Gehorsam ihm gegenüber Gewissenspflicht."

„Sie wollen doch nicht behaupten, dass zum Beispiel der heutige Staat nach Möglichkeit irdische Glückseligkeiten herstellt?"
15 „Das behaupte ich keineswegs, denn die ganze menschliche Gesellschaft ist aufgebaut auf Eigenliebe, Heuchelei und roher Gewalt. Wie sagt Pascal[1]? ‚Wir begehren die Wahrheit und finden in uns nur Ungewissheit. Wir suchen das Glück und finden nur Elend und Tod.' Sie wundern sich, dass ein einfacher Bauernpfar-
20 rer Pascal zitiert – nun, Sie müssen sich nicht wundern, denn ich bin kein einfacher Bauernpfarrer, ich wurde nur für einige Zeit hierher versetzt. Wie man so zu sagen pflegt, gewissermaßen strafversetzt" – er lächelt: „ Jaja, nur selten wird einer heilig, der niemals unheilig, nur selten einer weise, der nie dumm gewesen
25 ist! Und ohne die kleinen Dummheiten des Lebens wären wir ja alle nicht auf der Welt."

Er lacht leise, aber ich lache nicht mit.

Er leert wieder sein Glas.

Ich frage plötzlich: „Wenn also die staatliche Ordnung gottgewollt
30 –"

„Falsch!", unterbricht er mich. „Nicht die staatliche Ordnung, sondern der Staat ist naturnotwendig, also gottgewollt."

„Das ist doch dasselbe!"

„Nein, das ist nicht dasselbe. Gott schuf die Natur, also ist gottge-
35 wollt, was naturnotwendig ist. Aber die Konsequenzen der Er-

---

[1] Blaise Pascal (1623–1662), französischer Philosoph

schaffung der Natur, das heißt in diesem Falle: die Ordnung des Staates, ist ein Produkt des freien menschlichen Willens. Also ist nur der Staat gottgewollt, nicht aber die staatliche Ordnung."

„Und wenn ein Staat zerfällt?"

5 „Ein Staat zerfällt nie, es löst sich höchstens seine gesellschaftliche Struktur auf, um einer anderen Platz zu machen. Der Staat selbst bleibt immer bestehen, auch wenn das Volk, das ihn bildet, stirbt. Denn dann kommt ein anderes."

„Also ist der Zusammenbruch einer staatlichen Ordnung nicht 10 naturnotwendig?"

Er lächelt: „Manchmal ist so ein Zusammenbruch sogar gottgewollt."

„Warum nimmt also die Kirche, wenn die gesellschaftliche Struktur eines Staates zusammenbricht, immer die Partei der Reichen? 15 Also in unserer Zeit: Warum stellt sich die Kirche immer auf die Seite der Sägewerksaktionäre und nicht auf die Seite der Kinder in den Fenstern?"

„Weil die Reichen immer siegen."

Ich kann mich nicht beherrschen: „Eine feine Moral!" Er bleibt 20 ganz ruhig: „Richtig zu denken, ist das Prinzip der Moral." Er leert wieder sein Glas. „Ja, die Reichen werden immer siegen, weil sie die Brutaleren, Niederträchtigeren, Gewissenloseren sind. Es steht doch schon in der Schrift, dass eher ein Kamel durch das Nadelöhr geht, denn dass ein Reicher in den Himmel 25 kommt.[1]"

„Und die Kirche? Wird die durch das Nadelöhr kommen?" „Nein", sagt er und lächelt wieder, „das wäre allerdings nicht gut möglich. Denn die Kirche ist ja das Nadelöhr."

Dieser Pfaffe ist verteufelt gescheit, denke ich mir, aber er hat 30 nicht recht. Er hat nicht recht! Und ich sage: „Die Kirche dient also den Reichen und denkt nicht daran, für die Armen zu kämpfen –"

„Sie kämpft auch für die Armen", fällt er mir ins Wort, „aber an einer anderen Front."

35 „An einer himmlischen, was?"

---

[1] nach Mt 19, 24

„Auch dort kann man fallen."

„Wer?"

„Jesus Christus."

„Aber das war doch der Gott! Und was kam dann?" Er schenkt mir
ein und blickt nachdenklich vor sich hin. „Es ist gut", meint er
leise, „dass es der Kirche heutzutag in vielen Ländern nicht gut
geht. Gut für die Kirche."

„Möglich", antworte ich kurz und merke, dass ich aufgeregt bin.

„Doch kommen wir wieder auf jene Kinder in den Fenstern zurück! Sie sagten, als wir durch die Gasse gingen: ‚Sie grüßen mich
nicht, sie sind verhetzt.' Sie sind doch ein gescheiter Mensch, Sie
müssen es doch wissen, dass jene Kinder nicht verhetzt sind, sondern dass sie nichts zum Fressen haben!"

Er sieht mich groß an.

„Ich meinte, sie seien verhetzt", sagte er langsam, „weil sie nicht
mehr an Gott glauben."

„Wie können Sie das von ihnen verlangen!"

„Gott geht durch alle Gassen."

„Wie kann Gott durch jene Gasse gehen, die Kinder sehen und
ihnen nicht helfen?"

Er schweigt. Er trinkt bedächtig seinen Wein aus. Dann sieht er
mich wieder groß an: „Gott ist das Schrecklichste auf der Welt."
Ich starre ihn an. Hatte ich richtig gehört? Das Schrecklichste?!

Er erhebt sich, tritt an das Fenster und schaut auf den Friedhof
hinaus. „Er straft", höre ich seine Stimme.

Was ist das für ein erbärmlicher Gott, denke ich mir, der die armen Kinder straft!

Jetzt geht der Pfarrer auf und ab.

„Man darf Gott nicht vergessen", sagt er, „auch wenn wir es nicht
wissen, wofür er uns straft. Wenn wir nur niemals einen freien
Willen gehabt hätten!"

„Ach, Sie meinen die Erbsünde[1]!"

„Ja."

„Ich glaube nicht daran."

---

[1] die allgemeine Schuld aller Menschen in Folge des Sündenfalls im Paradies, vgl. Gen 3

Er hält vor mir.

„Dann glauben Sie auch nicht an Gott."

„Richtig. Ich glaube nicht an Gott." –

„Hören Sie", breche ich plötzlich das Schweigen, denn nun muss
5 ich reden, „ich unterrichte Geschichte und weiß es doch, dass es
auch vor Christi Geburt eine Welt gegeben hat, die antike Welt,
Hellas[1], eine Welt ohne Erbsünde –"

„Ich glaube, Ihr irrt Euch", fällt er mir ins Wort und tritt an sein
Bücherregal. Er blättert in einem Buch. „Da Sie Geschichte unter-
10 richten, muss ich Ihnen wohl nicht erzählen, wer der erste grie-
chische Philosoph war, ich meine: der älteste."

„Thales von Milet."[2]

„Ja. Aber seine Gestalt ist noch halb in der Sage, wir wissen nichts
Bestimmtes von ihm. Das erste schriftlich erhaltene Dokument
15 der griechischen Philosophie, das wir kennen, stammt von Anaxi-
mander[3], ebenfalls aus der Stadt Milet – geboren 610, gestorben
547 vor Christi Geburt. Es ist nur ein Satz."

Er geht ans Fenster, denn es beginnt bereits zu dämmern, und
liest:

20 „Woraus die Dinge entstanden sind, darein müssen sie auch wie-
der vergehen nach dem Schicksal; denn sie müssen Buße und
Strafe zahlen für die Schuld ihres Daseins nach der Ordnung der
Zeit."

Der römische Hauptmann

Vier Tage sind wir nun im Lager. Gestern erklärte der Feldwebel
25 den Jungen den Mechanismus des Gewehres, wie man es pflegt
und putzt. Heut putzen sie den ganzen Tag, morgen werden sie
schießen. Die hölzernen Soldaten warten bereits darauf, getroffen zu werden.

Die Jungen fühlen sich überaus wohl, der Feldwebel weniger. Er
30 ist in diesen vier Tagen zehn Jahre älter geworden. In weiteren

---

[1] Griechenland
[2] griechischer Philosoph und Mathematiker (ca. 624 – 546 v. Chr.)
[3] griechischer Philosoph (ca. 610 – 547 v. Chr.)

vier wird er älter aussehen, als er ist. Außerdem hat er sich den Fuß übertreten und wahrscheinlich eine Sehne verzerrt, denn er hinkt.

Doch er verbeißt seine Schmerzen. Nur mir erzählte er gestern
5 vor dem Einschlafen, er würde schon ganz gerne wieder Kegel schieben, Karten spielen, in einem richtigen Bett liegen, eine stramme Kellnerin hinten hineinzwicken, kurz: zu Hause sein. Dann schlief er ein und schnarchte.

Er träumte, er wäre ein General und hätt eine Schlacht gewonnen.
10 Der Kaiser hätt alle seine Orden ausgezogen und selbe ihm an die Brust geheftet. Und an den Rücken. Und die Kaiserin hätt ihm die Füß geküsst.

„Was hat das zu bedeuten?", fragte er mich in aller Früh.

„Wahrscheinlich ein Wunschtraum", sagte ich. Er sagte, er hätte
15 es sich noch nie in seinem Leben gewünscht, dass ihm eine Kaiserin die Füß küsst. „Ich werd's mal meiner Frau schreiben", meinte er nachdenklich, „die hat ein Traumbuch. Sie soll mal nachschauen, was General, Kaiser, Orden, Schlacht, Brust und Rücken bedeuten."

20 Während er vor unserem Zelte schrieb, erschien aufgeregt ein Junge, und zwar der L.

„Was gibt's?"

„Ich bin bestohlen worden!"

„Bestohlen?!"

25 „Man hat mir meinen Apparat gestohlen, Herr Lehrer, meinen fotografischen Apparat[1]!"

Er war ganz außer sich.

Der Feldwebel sah mich an. Was tun?, lag in seinem Blick.

„Antreten lassen", sagte ich, denn mir fiel auch nichts Besseres
30 ein. Der Feldwebel nickte befriedigt, humpelte auf den freien Platz, wo die Fahne wehte, und brüllte wie ein alter Hirsch: „Regiment antreten!"

Ich wandte mich an den L:

„Hast du einen Verdacht?"

35 „Nein."

---

[1] Fotoapparat

Das Regiment war angetreten. Ich verhörte sie, keiner konnte
etwas sagen. Ich ging mit dem Feldwebel in das Zelt, wo der L
schlief. Sein Schlafsack lag gleich neben dem Eingang links. Wir
fanden nichts.

5 „Ich halte es für ausgeschlossen", sagte ich zum Feldwebel, „dass
einer der Jungen der Dieb ist, denn sonst wären ja auch mal im
Schuljahr Diebstähle vorgekommen. Ich glaube eher, dass die
aufgestellten Wachen nicht richtig ihre Pflicht erfüllten, sodass
die Räuberbande sich hereinschleichen konnte."

10 Der Feldwebel gab mir recht, und wir beschlossen, in der folgenden Nacht die Wachen zu kontrollieren. Aber wie? Ungefähr
hundert Meter vom Lager entfernt stand ein Heuschober[1]. Dort
wollten wir übernachten und von dort aus die Wachen kontrollieren. Der Feldwebel von neun bis eins und ich von eins bis sechs.

15 Nach dem Nachtmahl schlichen wir uns heimlich aus dem Lager.
Keiner der Jungen bemerkte uns. Ich machte es mir im Heu bequem. –

Um ein Uhr nachts weckt mich der Feldwebel.

„Bis jetzt ist alles in Ordnung", meldet er mir. Ich klettere aus
20 dem Heu und postiere mich im Schatten der Hütte. Im Schatten?
Ja, denn es ist eine Vollmondnacht.

Eine herrliche Nacht.

Ich sehe das Lager und erkenne die Wachen. Jetzt werden sie abgelöst.

25 Sie stehen oder gehen ein paar Schritte hin und her.

Osten, Westen, Norden, Süden – auf jeder Seite einer. Sie bewa-
chen ihre fotografischen Apparate.

Und wie ich so sitze, fällt mir das Bild ein, das beim Pfarrer hängt
und auch bei meinen Eltern.

30 Die Stunden gehen.

Ich unterrichte Geschichte und Geografie.

Ich muss die Gestalt der Erde erklären und ihre Geschichte deu-
ten.

Die Erde ist noch rund, aber die Geschichten sind viereckig ge-
35 worden.

---

[1] Heuschuppen

Jetzt sitze ich da und darf nicht rauchen, denn ich überwache die Wache.

Es ist wahr: Mein Beruf freut mich nicht mehr.

Warum fiel mir nur jenes Bild wieder ein?

Wegen des Gekreuzigten? Nein.

Wegen seiner Mutter – nein. Plötzlich wird's mir klar: wegen des Kriegers in Helm und Panzer, wegen des römischen Hauptmanns[1].

Was ist denn nur mit dem?

Er leitete die Hinrichtung eines Juden. Und als der Jude starb, sagte er: „Wahrlich, so stirbt kein Mensch!"

Er hat also Gott erkannt.

Aber was tat er? Was zog er für Konsequenzen?

Er blieb ruhig unter dem Kreuze stehen.

Ein Blitz durchzuckte die Nacht, der Vorhang im Tempel riss, die Erde bebte – er blieb stehen.

Er erkannte den neuen Gott, als der am Kreuze starb, und wusste nun, dass seine Welt zum Tode verurteilt war. Und?

Ist er etwa in einem Krieg gefallen? Hat er es gewusst, dass er für nichts fällt?

Freute ihn noch sein Beruf?

Oder ist er etwa alt geworden? Wurde er pensioniert? Lebte er in Rom oder irgendwo an der Grenze, wo es billiger war?

Vielleicht hatte er dort ein Häuschen. Mit einem Gartenzwerg.

Und am Morgen erzählte ihm seine Köchin, dass gestern jenseits der Grenze wieder neue Barbaren[2] aufgetaucht sind. Die Lucia vom Herrn Major hat sie mit eigenen Augen gesehen.

Neue Barbaren, neue Völker.

Sie rüsten, sie rüsten. Sie warten.

Und der römische Hauptmann wusste es, die Barbaren werden alles zertrümmern. Aber es rührte ihn nicht. Für ihn war bereits alles zertrümmert.

Er lebte still als Pensionist, er hatte es durchschaut.

Das große römische Reich.

---

[1] vgl. Mt 27, 54
[2] ursprünglich: Nicht-Griechen; unzivilisierte Menschen

Der Dreck

Der Mond hängt nun direkt über den Zelten.

Es muss zirka zwei Uhr sein. Und ich denke, jetzt sind die Cafés
5 noch voll.

Was macht jetzt wohl Julius Caesar?

Er wird seinen Totenkopf illuminieren, bis ihn der Teufel holt!

Komisch: Ich glaube an den Teufel, aber nicht an den lieben
Gott.

10 Wirklich nicht?

Ich weiß es nicht. Doch, ich weiß es! Ich will nicht an ihn glauben! Nein, ich will nicht!

Es ist mein freier Wille.

Und die einzige Freiheit, die mir verblieb: glauben oder nicht
15 glauben zu dürfen.

Aber offiziell natürlich so zu tun, als ob.

Je nachdem: einmal ja, einmal nein.

Was sagte der Pfaffe?

„Der Beruf des Priesters besteht darin, den Menschen auf den
20 Tod vorzubereiten, denn wenn der Mensch keine Angst vor dem
Sterben mehr hat, wird ihm das Leben leichter."

Satt wird er nicht davon!

„Aus diesem Leben des Elends und der Widersprüche", sagte der
Pfaffe, „rettet uns einzig und allein die göttliche Gnade und der
25 Glaube an die Offenbarung." Ausreden!

„Wir werden gestraft und wissen nicht wofür."

Frag die Regierenden!

Und was sagte der Pfaffe noch?

„Gott ist das Schrecklichste auf der Welt."

30 Stimmt! –

Lieblich waren die Gedanken, die mein Herz durchzogen.

Sie kamen aus dem Kopf, kostümierten sich mit Gefühl, tanzten
und berührten sich kaum.

Ein vornehmer Ball. Exklusive Kreise. Gesellschaft!

35 Im Mondlicht drehten sich die Paare.

Die Feigheit mit der Tugend, die Lüge mit der Gerechtigkeit, die Erbärmlichkeit mit der Kraft, die Tücke mit dem Mut.

Nur die Vernunft tanzte nicht mit.

Sie hatte sich besoffen, hatte nun einen Moralischen und
5 schluchzte in einer Tour: „Ich bin blöd, ich bin blöd!" – Sie spie alles voll.

Aber man tanzte darüber hinweg.

Ich lausche der Ballmusik.

Sie spielt einen Gassenhauer, betitelt: „Der Einzelne im Dreck."
10 Sortiert nach Sprache, Rasse und Nation stehen die Haufen nebeneinander und fixieren sich, wer größer ist. Sie stinken, dass sich jeder Einzelne die Nase zuhalten muss.

Lauter Dreck! Alles Dreck!

Düngt damit!
15 Dünget die Erde, damit etwas wächst!

Nicht Blumen, sondern Brot!

Aber betet euch nicht an!

Nicht den Dreck, den ihr gefressen habt!

Z und N

Fast vergaß ich mein Pflicht: vor einem Heuschober zu sitzen,
20 nicht rauchen zu dürfen und die Wache zu kontrollieren.

Ich blicke hinab: Dort wachen sie.

Ost und West, Nord und Süd.

Alles in Ordnung.

Doch halt! Dort geht doch was vor sich –
25 Was denn?

Im Norden. Dort spricht doch der Posten mit jemand. Wer ist denn der Posten?

Es ist der Z.

Mit wem spricht er denn?
30 Oder ist's nur der Schatten einer Tanne?

Nein, das ist kein Schatten, das ist eine Gestalt.

Jetzt scheint der Mond auf sie: Es ist ein Junge. Ein fremder Junge.

Was ist dort los?

Der Fremde scheint ihm etwas zu geben, dann ist er verschwunden.

Der Z rührt sich kurze Zeit nicht, ganz regungslos steht er da.

Lauscht er?

5 Er sieht sich vorsichtig um und zieht dann einen Brief aus der Tasche.

Ach, er hat einen Brief bekommen!

Er erbricht ihn rasch und liest ihn im Mondenschein.

Er steckt ihn gleich wieder ein.

10 Wer schreibt dem Z? –

Der Morgen kommt, und der Feldwebel erkundigt sich, ob ich etwas Verdächtiges wahrgenommen hätte. Ich sage, ich hätte gar nichts wahrgenommen und die Wachen hätten ihre Pflicht erfüllt. Ich schweige von dem Brief, denn ich weiß es ja noch nicht, ob

15 dieser Brief mit dem gestohlenen Fotoapparat irgendwie zusammenhängt. Das muss sich noch klären und bis es nicht bewiesen wurde, will ich den Z in keinen Verdacht bringen.

Wenn man nur den Brief lesen könnte!

Als wir das Lager betreten, empfangen uns die Jungen erstaunt.

20 Wann wir denn das Lager verlassen hätten?

„Mitten in der Nacht", lügt der Feldwebel, „und zwar ganz aufrecht, aber von eueren Wachen hat uns keiner gehen sehen, ihr müsst schärfer aufpassen, denn bei einer solchen miserablen Bewachung tragens uns ja noch das ganze Lager weg, die Gewehre,

25 die Fahne und alles, wofür wir da sind!"

Dann lässt er sein Regiment antreten und fragt, ob einer etwas Verdächtiges wahrgenommen hätte.

Keiner meldet sich.

Ich beobachte den Z.

30 Er steht regungslos da.

Was steht nur in dem Brief?

Jetzt hat er ihn in der Tasche, aber ich werde ihn lesen, ich muss ihn lesen.

Soll ich ihn direkt fragen? Das hätte keinen Sinn. Er würde es

35 glatt ableugnen, würde den Brief dann zerreißen, verbrennen und ich könnt ihn nimmer lesen.

Vielleicht hat er ihn sogar schon vernichtet.

Und wer war der fremde Junge? Ein Junge, der um zwei Uhr nachts erscheint, eine Stunde weit weg vom Dorf? Oder wohnt er auf dem Bauernhof bei der blinden Alten? Aber auch dann: Immer klarer wird es mir, dass jener zur Räuberbande gehören muss.

5 Zum Unkraut. Ist denn der Z auch Unkraut? Ein Verbrecher?

Ich muss den Brief lesen, muss, muss!

Der Brief wird allmählich zur fixen Idee. Bumm!

Heute schießen sie zum ersten Mal.

Bumm! Bumm! –

10 Am Nachmittag kommt der R zu mir.

„Herr Lehrer", sagte er, „ich bitte sehr, ich möchte in einem anderen Zelt schlafen. Die beiden, mit denen ich zusammen bin, raufen sich in einem fort, man kann kaum schlafen!"

„Wer sind denn die beiden?"

15 „Der N und der Z."

„Der Z?"

„Ja. Aber anfangen tut noch immer der N!"

„Schick mir mal die beiden her!"

Er geht, und der N kommt.

20 „Warum raufst du immer mit dem Z?"

„Weil er mich nicht schlafen lässt. Immer weckt er mich auf. Er zündet oft mitten in der Nacht die Kerze an."

„Warum?"

„Weil er seinen Blödsinn schreibt."

25 „Er schreibt?"

„Ja."

„Was schreibt er denn? Briefe?"

„Nein. Er schreibt sein Tagebuch."

„Tagebuch?"

30 „Ja. Er ist blöd."

„Deshalb muss man noch nicht blöd sein."

Es trifft mich ein vernichtender Blick.

„Das Tagebuchschreiben ist der typische Ausdruck der typischen Überschätzung des eigenen Ichs", sagt er.

35 „Kann schon stimmen", antworte ich vorsichtig, denn ich kann mich momentan nicht erinnern, ob das Radio diesen Blödsinn nicht schon mal verkündet hat.

„Der Z hat sich extra ein Kästchen mitgenommen, dort sperrt er sein Tagebuch ein."

„Schick mir mal den Z her!"

Der N geht, der Z kommt.

5 „Warum raufst du immer mit dem N?"

„Weil er ein Plebejer ist."

Ich stutze und muss an die reichen Plebejer denken.

„Ja", sagt der Z, „er kann es nämlich nicht vertragen, dass man über sich nachdenkt. Da wird er wild. Ich führe nämlich ein Tage-

10 buch und das liegt in einem Kästchen, neulich hat er es zertrüm-mern wollen, drum versteck ich's jetzt immer. Am Tag im Schlaf-sack, in der Nacht halt ich's in der Hand."

Ich sehe ihn an.

Und frage ihn langsam: „Und wo ist das Tagebuch, wenn du auf

15 Wache stehst?"

Nichts rührt sich in seinem Gesicht.

„Wieder im Schlafsack", antwortet er.

„Und in dieses Buch schreibst du alles hinein, was du so erlebst?"

„Ja."

20 „Was du hörst, siehst? Alles?"

Er wird rot.

„Ja", sagt er leise.

Soll ich ihn jetzt fragen, wer ihm den Brief schrieb und was in dem Briefe steht? Nein. Denn es steht bei mir bereits fest, dass ich

25 das Tagebuch lesen werde.

Er geht, und ich schau ihm nach.

Er denkt über sich nach, hat er gesagt.

Ich werde seine Gedanken lesen. Das Tagebuch des Z.

Adam und Eva

Kurz nach vier marschierte das Regiment wieder ab. Sogar das

30 „Küchenpersonal" musste diesmal mit, denn der Feldwebel woll-te es allen erklären, wie man sich in die Erde gräbt und wo die Erde am geeignetsten für Schützengräben und Unterstände ist.

Seit er humpelt, erklärt er lieber.

Es blieb also niemand im Lager, nur ich.

Sobald das Regiment im Walde verschwand, betrat ich das Zelt, in welchem der Z mit N und R schlief.

Im Zelte lagen drei Schlafsäcke. Auf dem linken lag ein Brief.
5 Nein, der war es nicht. „Herrn Otto N" stand auf dem Kuvert, „Absender: Frau Elisabeth N" – ach, die Bäckermeistersgattin! Ich konnte nicht widerstehen, was schrieb wohl Mama ihrem Kindchen?

Sie schrieb: „Mein lieber Otto, danke Dir für Deine Postkarte. Es
10 freut mich und Vater sehr, dass Du Dich wohlfühlst. Nur so weiter, pass nur auf Deine Strümpfe auf, damit sie nicht wieder verwechselt werden! Also in zwei Tagen werdet Ihr schon schießen? Mein Gott, wie die Zeiten vergehen! Vater lässt Dir sagen, Du sollst bei Deinem ersten Schusse an ihn denken, denn er war der
15 beste Schütze seiner Kompanie. Denk Dir nur, Mandi ist gestern gestorben. Vorgestern hüpfte er noch so froh und munter in seinem Käfiglein herum und tirilierte uns zur Freud. Und heut war er hin. Ich weiß nicht, es grassiert[1] eine Kanarikrankheit. Die Beinchen hat der Ärmste von sich gestreckt, ich hab ihn im Herd-
20 feuer verbrannt. Gestern hatten wir einen herrlichen Rehrücken mit Preiselbeeren. Wir dachten an Dich. Hast Du auch gut zum Futtern? Vater lässt Dich herzlichst grüßen, Du sollst ihm nur immer weiter Bericht erstatten, ob der Lehrer nicht wieder solche Äußerungen fallen lässt wie über die Neger. Lass nur nicht locker!
25 Vater bricht ihm das Genick! Es grüßt und küsst Dich, mein lieber Otto, Deine liebe Mutti."

Im Schlafsack nebenan war nichts versteckt. Hier schlief also der R. Dann muss das Kästchen im dritten liegen. Dort lag es auch.

Es war ein Kästchen aus blauem Blech und hatte ein einfaches
30 Schloss. Es war versperrt. Ich versuchte, das Schloss mit einem Draht zu öffnen.

Es ließ sich leicht.

In dem Kästchen lagen Briefe, Postkarten und ein grün gebundenes Buch – „Mein Tagebuch" stand da in goldenen Lettern. Ich

---

[1] geht um, verbreitet sich

öffnete es. „Weihnachten von Deiner Mutter." Wer war die Mutter des Z? Mir scheint, eine Beamtenwitwe oder so.

Dann kamen die ersten Eintragungen, etwas von einem Christbaum – ich blätterte weiter, wir sind schon nach Ostern. Zuerst hat er jeden Tag geschrieben, dann nur jeden zweiten, dritten, dann jeden fünften, sechsten – und hier, hier liegt der Brief! Er ist es! Ein zerknülltes Kuvert, ohne Aufschrift, ohne Marke!

Rasch! Was steht nur drin?!

„Kann heute nicht kommen, komme morgen um zwei – Eva."

Das war alles.

Wer ist Eva?

Ich weiß nur, wer Adam ist.

Adam ist der Z.

Und ich lese das Tagebuch:

„Mittwoch.

Gestern sind wir ins Lager gekommen. Wir sind alle sehr froh. Jetzt ist es Abend, bin gestern nicht zum Schreiben dazugekommen, weil wir alle sehr müde waren vom Zeltbau. Wir haben auch eine Fahne. Der Feldwebel ist ein alter Tepp[1], er merkt's nicht, wenn wir ihn auslachen. Wir laufen schneller wie er. Den Lehrer sehen wir Gott sei Dank fast nie. Er kümmert sich auch nicht um uns. Immer geht er mit einem faden Gesicht herum. Der N ist auch ein Tepp. Jetzt schreit er schon das zweite Mal, ich soll die Kerze auslöschen, aber ich tu's nicht, weil ich sonst überhaupt zu keinem Tagebuch mehr komme und ich möcht doch eine Erinnerung fürs Leben. Heute Nachmittag haben wir einen großen Marsch getan, bis an die Berge. Auf dem Wege dorthin sind wir bei Felsen vorübergekommen, in denen es viele Höhlen gibt. Auf einmal kommandiert der Feldwebel, wir sollen durch das Dickicht in Schwarmlinie gegen einen markierten Feind vorgehen, der sich auf einem Höhenzug mit schweren Maschinengewehren verschanzt hat. Wir schwärmten aus, sehr weit voneinander, aber das Dickicht wurde immer dichter und plötzlich sah ich keinen mehr rechts und keinen mehr links. Ich hatte mich verirrt und war abgeschnitten. Auf einmal stand ich wieder vor einem Felsen

---

[1] Depp

mit einer Höhle, ich glaube, ich bin im Kreis herumgegangen.
Plötzlich stand ein Mädchen vor mir. Sie war braunblond und
hatte eine rosa Bluse und es wunderte mich, woher und wieso sie
überhaupt daherkommt. Sie fragte mich, wer ich wäre. Ich sagte
5 es ihr. Zwei Buben waren noch dabei, beide barfuß und zerrissen.
Der eine trug einen Laib Brot in der Hand, der andere eine Vase.
Sie sahen mich feindlich an. Das Mädchen sagte ihnen, sie mögen nach Hause gehen, sie möcht mir nur den Weg zeigen heraus
aus dem Dickicht. Ich war darüber sehr froh und sie begleitete
10 mich. Ich fragte sie, wo sie wohne, und sie sagte, hinter dem Felsen. Aber auf der militärischen Karte, die ich hatte, stand dort
kein Haus und überhaupt nirgends in dieser Gegend. Die Karte
ist falsch, sagte sie. So kamen wir an den Rand des Dickichts und
ich konnte in weiter Ferne das Zeltlager sehen. Und da blieb sie
15 stehen und sagte zu mir, sie müsse jetzt umkehren und sie würde
mir einen Kuss geben, wenn ich es niemand auf der Welt sagen
würde, dass ich sie hier traf. Warum?, fragte ich. Weil sie es nicht
haben möchte, sagte sie. Ich sagte, geht in Ordnung, und sie gab
mir einen Kuss auf die Wange. Das gilt nicht, sagte ich, ein Kuss
20 gilt nur auf den Mund. Sie gab mir einen Kuss auf den Mund.
Dabei steckte sie mir die Zunge hinein. Ich sagte, sie ist eine Sau
und was sie denn mit der Zunge mache? Da lachte sie und gab
mir wieder so einen Kuss. Ich stieß sie von mir. Da hob sie einen
Stein auf und warf ihn nach mir. Wenn der meinen Kopf getrof-
25 fen hätte, wär ich jetzt hin. Ich sagte es ihr. Sie sagte, das würde
ihr nichts ausmachen.
Dann würdest du gehenkt, sagte ich. Sie sagte, das würde sie so-
wieso. Plötzlich wurde es mir unheimlich. Sie sagte, ich solle
ganz in ihre Nähe kommen. Ich wollte nicht feig sein und kam.
30 Da packte sie mich plötzlich und stieß mir noch einmal ihre Zunge in den Mund. Da wurde ich wütend, packte einen Ast und
schlug auf sie ein. Ich traf sie auf den Rücken und die Schultern,
aber nicht auf den Kopf. Sie gab keinen Ton von sich und brach
zusammen. Da lag sie. Ich erschrak sehr, denn ich dachte, sie
35 wäre vielleicht tot. Ich trat zu ihr hin und berührte sie mit dem
Ast. Sie rührte sich nicht. Wenn sie tot ist, hab ich mir gedacht,
lass ich sie da liegen und tue, als wär nichts passiert. Ich wollte

schon weg, aber da bemerkte ich, dass sie simulierte[1]. Sie blin-
zelte mir nämlich nach. Ich ging rasch wieder hin. Ja, sie war
nicht tot. Ich hab nämlich schon viele Tote gesehen, die sehen
ganz anders aus. Schon mit sieben Jahren hab ich einen toten
5 Polizisten und vier tote Arbeiter gesehen, es war nämlich ein
Streik. Na wart, dachte ich, du willst mich da nur erschrecken,
aber du springst schon auf – ich erfasste vorsichtig unten ihren
Rock und riss ihn plötzlich hoch. Sie hatte keine Hosen an. Sie
rührte sich aber noch immer nicht und mir wurde es ganz anders.
10 Aber plötzlich sprang sie auf und riss mich wild zu sich herab. Ich
kenne das schon. Wir liebten uns. Gleich daneben war ein rie-
siger Ameisenhaufen. Und dann versprach ich ihr, dass ich es
niemand sagen werde, dass ich sie getroffen hab. Sie ist weggelaufen und ich hab ganz vergessen zu fragen, wie sie heißt.
15 Donnerstag.
Wir haben Wachen aufgestellt wegen der Räuberbanden: Der N
schreit schon wieder, ich soll die Kerze auslöschen. Wenn er noch
einmal schreit, dann hau ich ihm eine herunter. – Jetzt hab ich ihm
eine heruntergehaut. Er hat nicht zurückgehaut. Der blöde R hat
20 geschrien, als hätt er es bekommen, der Feigling! Ich ärger mich
nur, dass ich mit dem Mädel nichts ausgemacht hab. Ich hätte sie
gerne wiedergesehen und mit ihr gesprochen. Ich fühlte sie heute
Vormittag unter mir, wie der Feldwebel ‚Auf!' und ‚Nieder!' kommandiert hat. Ich muss immer an sie denken. Nur ihre Zunge mag
25 ich nicht. Aber sie sagte, das sei Gewöhnung. Wie beim Autofahren
das rasche Fahren. Was ist doch das Liebesgefühl für ein Gefühl!
Ich glaube, so ähnlich muss es sein, wenn man fliegt. Aber fliegen
ist sicher noch schöner. Ich weiß es nicht, ich möcht, dass sie jetzt
neben mir liegt. Wenn sie nur da wär, ich bin so allein. Von mir aus
30 soll sie mir auch die Zunge in den Mund stecken.
Freitag.
Übermorgen werden wir schießen, endlich! Heute Nachmittag
hab ich mit dem N gerauft, ich bring ihn noch um. Der R hat dabei was abbekommen, was stellt sich der Idiot in den Weg! Aber
35 das geht mich alles nichts mehr an, ich denke nur immer an sie

---

[1] vortäuschte

und heute noch stärker. Denn heute Nacht ist sie gekommen. Plötzlich, wie ich auf der Wache gestanden bin. Zuerst bin ich erschrocken, dann hab ich mich riesig gefreut und hab mich geschämt, dass ich erschrocken bin. Sie hat's nicht bemerkt, Gott sei
5 Dank! Sie hat so wunderbar gerochen, nach einem Parfum. Ich fragte sie, woher sie es her habe? Sie sagte, aus der Drogerie[1] im Dorf. Das muss teuer gewesen sein, sagte ich. Oh nein, sagte sie, es kostete nichts. Dann umarmte sie mich wieder und wir waren zusammen. Dabei fragte sie mich, was tun wir jetzt? Ich sagte,
10 wir lieben uns. Ob wir uns noch oft lieben werden, fragte sie. Ja, sagte ich, noch sehr oft. Ob sie nicht ein verdorbenes Mädchen wäre? Nein, wie könne sie sowas sagen! Weil sie mit mir in der Nacht herumliegt. Kein Mädchen ist heilig, sagte ich. Plötzlich sah ich eine Träne auf ihrer Wange, der Mond schien ihr ins Ge-
15 sicht. Warum weinst du? Und sie sagte, weil alles so finster ist. Was denn? Und sie fragte mich, ob ich sie auch lieben würde, wenn sie eine verlorene Seele wär? Was ist das? Und sie sagte mir, sie hätte keine Eltern und war mit zwölf Jahren eine Haustochter[2] geworden, aber der Herr wär ihr immer nachgestiegen, sie hätte
20 sich gewehrt und da hätte sie mal Geld gestohlen, um weglaufen zu können, weil sie die Frau immer geohrfeigt hätt wegen des Herrn, und da wär sie in eine Besserungsanstalt gekommen, aber von dort wär sie ausgebrochen und jetzt wohne sie in einer Höhle und würde alles stehlen, was ihr begegnet. Vier Jungen aus dem
25 Dorf, die nicht mehr Puppen malen wollten, wären auch dabei, sie wär aber die Älteste und die Anführerin. Aber ich dürfe es niemand sagen, dass sie so eine sei, denn dann käme sie wieder in die Besserungsanstalt. Und sie tat mir furchtbar leid und ich fühlte plötzlich, dass ich eine Seele habe. Und ich sagte es ihr und
30 sie sagte mir, ja, jetzt fühle sie es auch, dass sie eine Seele habe. Ich dürfe sie aber nicht missverstehen, wenn jetzt, während sie bei mir ist, im Lager etwas gestohlen wird. Ich sagte, ich würde sie nie missverstehen, nur mir dürfe sie nichts stehlen, denn wir

---

[1] Fachgeschäft für Gesundheits-, Hygiene- und Schönheitsartikel
[2] junge Frau, die in einer fremden Familie lebt und dort den Haushalt mit führt

gehörten zusammen. Dann mussten wir uns trennen, denn nun wurde ich bald abgelöst. Morgen treffen wir uns wieder. Ich weiß jetzt, wie sie heißt. Eva.
Samstag.
5 Heute war große Aufregung, denn dem G wurde sein Foto gestohlen. Schadet nichts! Sein Vater hat drei Fabriken und die arme Eva muss in einer Höhle wohnen. Was wird sie machen, wenn Winter ist? Der N schreit schon wieder wegen dem Licht. Ich werd ihn noch erschlagen. Ich kann die Nacht kaum erwarten bis sie kommt!
10 Ich möcht mit ihr in einem Zelt leben, aber ohne Lager, ganz allein! Nur mit ihr! Das Lager freut mich nicht mehr. Es ist alles nichts. Oh Eva, ich werde immer für dich da sein! Du kommst in keine Besserungsanstalt mehr, in keine mehr, das schwör ich dir zu! Ich werde dich immer beschützen! Der N schreit, er wird mein Käst-
15 chen zertrümmern, morgen, er soll es nur wagen! Denn hier sind meine innersten Geheimnisse drinnen, die niemand was angehen. Jeder, der mein Kästchen anrührt, stirbt!"

Verurteilt

„Jeder, der mein Kästchen anrührt, stirbt!"
Ich lese den Satz zweimal und muss lächeln.
20 Kinderei!
Und ich will an das denken, was ich las, aber ich komme nicht dazu. Vom Waldrand her tönt die Trompete, ich muss mich beeilen, das Regiment naht. Rasch tu ich das Tagebuch wieder ins Kästchen und will es versperren. Ich drehe den Draht hin und
25 her. Umsonst! Es lässt sich nicht mehr schließen, ich hab das Schloss verdorben – was tun?
Sie werden gleich da sein, die Jungen. Ich verstecke das offene Kästchen im Schlafsack und verlasse das Zelt. Es blieb mir nichts anderes übrig. Jetzt kommt das Regiment daher.
30 In der vierten Reihe marschiert der Z.
Du hast also ein Mädel und das nennt sich Eva. Und du weißt es, dass deine Liebe stiehlt. Aber du schwörst trotzdem, sie immer zu beschützen.

Ich muss wieder lächeln. Kinderei, elende Kinderei!

Jetzt hält das Regiment und tritt ab.

Jetzt kenne ich deine „innersten Geheimnisse", denke ich, aber plötzlich kann ich nicht mehr lächeln. Denn ich sehe den Staats-
5 anwalt. Er blättert in seinen Akten. Die Anklage lautet auf Diebstahl und Begünstigung. Nicht nur Eva, auch Adam hat sich zu verantworten. Man müsste den Z sofort verhaften.

Ich will es dem Feldwebel sagen und die Gendarmerie verständigen. Oder soll ich zuerst allein mit dem Z reden?
10 Nun steht er drüben bei den Kochtöpfen und erkundigt sich, was er zum Essen bekommen wird. Er wird von der Schule fliegen, und das Mädel kommt zurück in die Besserungsanstalt.

Beide werden eingesperrt.

Adieu Zukunft, lieber Z!
15 Es sind schon größere Herren über die Liebe gestolpert, über die Liebe, die auch naturnotwendig ist, und also ebenfalls gottgewollt.

Und ich höre wieder den Pfaffen:

„Das Schrecklichste auf der Welt ist Gott."

Und ich höre einen wüsten Lärm, Geschrei und Gepolter. Alles
20 stürzt zu einem Zelt.

Es ist das Zelt mit dem Kästchen. Der Z und der N raufen, man kann sie kaum trennen.

Der N ist rot, er blutet aus dem Mund.

Der Z ist weiß.
25 „Der N hat sein Kästchen erbrochen!", ruft mir der Feldwebel zu.

„Nein!", schreit der N. „Ich hab's nicht getan, ich nicht!"

„Wer denn sonst?!", schreit der Z. „Sagen Sie's selber, Herr Lehrer, wer könnt es denn sonst schon getan haben?!"

„Lüge, Lüge!"
30 „Er hat es erbrochen und sonst niemand! Er hat's mir ja schon angedroht, dass er es mir zertrümmern wird!"

„Aber ich hab's nicht getan!"

„Ruhe!", brüllt plötzlich der Feldwebel.

Es wird still.
35 Der Z lässt den N nicht aus den Augen.

Jeder, der sein Kästchen anrührt, stirbt, geht es mir plötzlich durch den Sinn. Unwillkürlich blick ich empor.

Aber der Himmel ist sanft.

Ich fühle, der Z könnte den N umbringen.

Auch der N scheint es zu spüren. Er wendet sich kleinlaut an mich.

„Herr Lehrer, ich möcht in einem anderen Zelt schlafen."

5 „Gut."

„Ich hab's wirklich nicht gelesen, sein Tagebuch. Helfen Sie mir, Herr Lehrer!"

„Ich werde dir helfen."

Jetzt sieht mich der Z an. Du kannst nicht helfen, liegt in seinem
10 Blick.

Ich weiß, ich habe den N verurteilt.

Aber ich wollt es doch nur wissen, ob der Z mit den Räubern ging, und ich wollt ihn doch nicht leichtfertig in einen Verdacht bringen, drum hab ich das Kästchen erbrochen.

15 Warum sag ich's nur nicht, dass ich es bin, der das Tagebuch las? Nein, nicht jetzt! Nicht hier vor allen! Aber ich werde es sagen. Sicher! Nur nicht vor allen, ich schäme mich! Allein werd ich's ihm sagen. Von Mann zu Mann! Und ich will auch mit dem Mädel reden, heut Nacht, wenn er sie trifft. Ich werde ihr sagen, sie
20 soll sich nur ja nimmer blicken lassen, und diesem dummen Z werde ich ordentlich seinen Kopf waschen – dabei soll's dann bleiben! Schluss!

Wie ein Raubvogel zieht die Schuld ihre Kreise. Sie packt uns rasch.

25 Aber ich werde den N freisprechen.

Er hat ja auch nichts getan.

Und ich werde den Z begnadigen. Und auch das Mädel. Ich lasse mich nicht unschuldig verurteilen!

Ja, Gott ist schrecklich, aber ich will ihm einen Strich durch die
30 Rechnung machen. Mit meinem freien Willen.

Einen dicken Strich.

Ich werde uns alle retten.

Und wie ich so überlege, fühle ich, dass mich wer anstarrt.

Es ist der T.

35 Zwei helle runde Augen schauen mich an. Ohne Schimmer, ohne Glanz.

Der Fisch!, durchzuckt es mich.

Er sieht mich noch immer an, genau wie damals beim Begräbnis des kleinen W.

Er lächelt leise, überlegen, spöttisch. Seltsam starr.

Weiß er, dass ich es bin, der das Kästchen erbrach?

Der Mann im Mond

5 Der Tag wurd mir lang. Endlich sank die Sonne.

Der Abend kam und ich wartete auf die Nacht. Die Nacht kam und ich schlich mich aus dem Lager. Der Feldwebel schnarchte bereits, es hat mich keiner gesehen. Zwar hing noch der Vollmond über dem Lager, aber aus dem Westen zogen die Wolken in

10 finsteren Fetzen vorbei. Immer wieder wurde es stockdunkel und immer länger währte es, bis das silberne Licht wiederkam.

Dort, wo der Wald fast die Zelte berührt, dort wird er wachen, der Z. Dort saß ich nun hinter einem Baum. Ich sah ihn genau, den Posten[1]. Es war der G.

15 Er ging etwas auf und ab.

Droben rasten die Wolken, unten schien alles zu schlafen. Droben tobte ein Orkan, unten rührte sich nichts.

Nur ab und zu knackte ein Ast.

Dann hielt der G und starrte in den Wald.

20 Ich sah ihm in die Augen, aber er konnte mich nicht sehen.

Hat er Angst?

Im Wald ist immer was los, besonders in der Nacht.

Die Zeit verging.

Jetzt kommt der Z.

25 Er grüßt den G und der geht.

Der Z bleibt allein.

Er sieht sich vorsichtig um und blickt dann zum Mond empor.

Es gibt einen Mann im Mond[2], fällt es mir plötzlich ein, der sitzt auf der Sichel, raucht seine Pfeife und kümmert sich um nichts.

30 Nur manchmal spuckt er auf uns herab. Vielleicht hat er recht.

---

[1] Wache

[2] Vgl. das Märchen von Ludwig Bechstein, in dem ein Mann, der die Sonntagsruhe nicht einhält, von Gott zum „Mann im Mond" verdammt wird.

Er wird schon wissen, was er tut. –

Um zirka halb drei erschien endlich das Mädel, und zwar derart lautlos, dass ich sie erst bemerkte, als sie bereits bei ihm stand. Wo kam sie her?

5 Sie war einfach da.

Jetzt umarmt sie ihn und er umarmt sie.

Sie küssen sich.

Das Mädel steht mit dem Rücken zu mir und ich kann ihn nicht sehen. Sie muss größer sein als er –

10 Jetzt werde ich hingehen und mit den beiden sprechen. Ich erhebe mich vorsichtig, damit sie mich nicht hören. Denn sonst läuft mir das Mädel weg.

Und ich will doch auch mit ihr reden.

Sie küssen sich noch immer.

15 Es ist Unkraut und gehört vertilgt, geht es mir plötzlich durch den Sinn.

Ich sehe eine blinde Alte, die stolpert und stürzt.

Und immer muss ich an das Mädel denken, wie sie sich reckt und über die Hecke schaut.

20 Sie muss einen schönen Rücken haben.

Ihre Augen möchte ich sehen –

Da kommt eine Wolke und alles wird finster.

Sie ist nicht groß, die Wolke, denn sie hat einen silbernen Rand.

Wie der Mond wieder scheint, gehe ich hin. Jetzt scheint er wie-
25 der, der Mond.

Das Mädel ist nackt.

Er kniet vor ihr.

Sie ist sehr weiß.

Ich warte.

30 Sie gefällt mir immer mehr.

Geh hin! Sag, dass du das Kästchen erbrochen hast! Du, nicht der N! Geh hin, geh!

Ich gehe nicht hin.

Jetzt sitzt er auf einem Baumstamm und sie sitzt auf seinen
35 Knien.

Sie hat herrliche Beine.

Geh hin!

Ja, sofort –

Und es kommen neue Wolken, schwärzere, größere. Sie haben keine silbernen Ränder und decken die Erde zu. Der Himmel ist weg, ich sehe nichts mehr.

5 Ich lausche, aber es gehen nur Schritte durch den Wald. Ich halte den Atem an.

Wer geht?

Oder ist es nur der Sturm von droben?

Ich kann mich selber nicht mehr sehen.

10 Wo seid ihr, Adam und Eva?

Im Schweiße eueres Angesichtes solltet ihr euer Brot verdienen, aber es fällt euch nicht ein. Eva stiehlt einen fotografischen Apparat und Adam drückt beide Augen zu, statt zu wachen –.

Ich werd es ihm morgen sagen, diesem Z, morgen in aller Frühe,

15 dass ich es war, der sein Kästchen erbrach. Morgen lass ich mich durch nichts mehr hindern!

Und wenn mir der liebe Gott tausend nackte Mädchen schickt! –

Immer stärker wird die Nacht.

Sie hält mich fest, finster und still.

20 Jetzt will ich zurück.

Vorsichtig taste ich vor –

Mit der vorgestreckten Hand berühre ich einen Baum. Ich weiche ihm aus.

Ich taste weiter – da, ich zucke entsetzt zurück!

25 Was war das?!

Mein Herz steht still.

Ich möchte rufen, laut, laut – aber ich beherrsche mich.

Was war das?!

Nein, das war kein Baum!

30 Mit der vorgestreckten Hand fasste ich in ein Gesicht.

Ich zittere.

Wer steht da vor mir?

Ich wage nicht mehr, weiterzugehen.

Wer ist das?!

35 Oder habe ich mich getäuscht?

Nein, ich hab es zu deutlich gefühlt: die Nase, die Lippen –

Ich setze mich auf die Erde.

Ist das Gesicht noch dort drüben?
Warte, bis das Licht kommt!
Rühre dich nicht! –
Über den Wolken raucht der Mann im Mond.
5 Es regnet leise.
Spuck mich nur an, Mann im Mond!

Der vorletzte Tag

Endlich wird es grau, der Morgen ist da.
Es ist niemand vor mir, kein Gesicht und nichts.
Ich schleiche mich wieder ins Lager zurück. Der Feldwebel liegt
10 auf dem Rücken mit offenem Mund. Der Regen klopft an die
Wand. Erst jetzt bin ich müde.
Schlafen, schlafen –
Als ich erwache, ist das Regiment bereits fort. Ich werde es dem Z
sagen, dass ich es war und nicht der N, sowie er zurückkommt.
15 Es ist der vorletzte Tag.
Morgen brechen wir unsere Zelte ab und fahren in die Stadt zu-
rück.
Es regnet in Strömen, nur manchmal hört es auf. In den Tälern
liegen dicke Nebel. Wir sollten die Berge nimmer sehen.
20 Mittags kommt das Regiment zurück, aber nicht komplett.
Der N fehlt.
Er dürfte sich verlaufen haben, meint der Feldwebel, und er wür-
de uns schon finden.
Ich muss an die Höhlen denken, die im Tagebuch des Z stehen,
25 und werde unsicher.
Ist es Angst?
Jetzt muss ich's ihm aber sogleich sagen, es wird allmählich Zeit!
Der Z sitzt in seinem Zelte und schreibt. Er ist allein. Als er mich
kommen sieht, klappt er rasch sein Tagebuch zu und blickt mich
30 misstrauisch an.
„Ach, wir schreiben wieder unser Tagebuch", sage ich und ver-
suche zu lächeln. Er schweigt und blickt mich nur an.
Da sehe ich, dass seine Hände zerkratzt sind.

Er bemerkt, dass ich die Kratzer beobachte, zuckt etwas zusammen und steckt die Hände in die Taschen.

„Friert's dich?", frage ich und lasse ihn nicht aus den Augen.

Er schweigt noch immer, nickt nur Ja und ein spöttisches Lächeln
5 huscht über sein Gesicht.

„Hör mal", beginne ich langsam, „du meinst, dass der N dein Kästchen erbrochen hat –"

„Ich meine es nicht nur", fällt er mir plötzlich fest ins Wort, „sondern er hat's auch getan."

10 „Woher willst du denn das wissen?"

„Er selbst hat es mir gesagt."

Ich starre ihn an. Er selbst hat es gesagt? Aber das ist doch unmöglich, er hat es doch gar nicht getan!

Der Z blickt mich forschend an, doch nur einen Augenblick lang.
15 Dann fährt er fort: „Er hat's mir heute Vormittag gestanden, dass er das Kästchen geöffnet hat. Mit einem Draht, aber dann konnt er es nicht wieder schließen, denn er hat das Schloss ruiniert."

„Und?"

„Und er hat mich um Verzeihung gebeten und ich habe ihm ver-
20 ziehen."

„Verziehen?"

„Ja."

Er blickt gleichgültig vor sich hin. Ich kenne mich nicht mehr aus und es fällt mir ein: „Jeder, der mein Kästchen anrührt, stirbt!"
25 Unsinn, Unsinn!

„Weißt du, wo der N jetzt steckt?", frage ich plötzlich.

Er bleibt ganz ruhig.

„Woher soll ich das wissen? Sicher hat er sich verirrt. Ich hab mich auch schon mal verirrt" – er erhebt sich und es macht den Ein-
30 druck, als würde er nicht mehr weiterreden wollen. Da bemerke ich, dass sein Rock zerrissen ist.

Soll ich es ihm sagen, dass er lügt? Dass der N es ihm niemals gestanden haben konnte, denn ich, ich habe doch sein Tagebuch gelesen –

35 Aber warum lügt der Z?

Nein, ich darf gar nicht daran denken! –

Warum sagte ich es ihm nur nicht sofort, gleich gestern, als er den N verprügelte! Weil ich mich schämte, vor meinen Herren Schülern zu gestehen, dass ich heimlich mit einem Draht ein Kästchen erbrochen hab, obwohl dies in bester Absicht gesche-
5 hen ist – verständlich, verständlich! Aber warum verschlief ich nur heute früh?! Richtig, ich saß ja in der Nacht im Wald und machte das Maul nicht auf! Und jetzt, jetzt dürfte es wenig nützen, wenn ich es aufmachen würde. Es ist zu spät.
Richtig, auch ich bin schuld.
10 Auch ich bin der Stein, über den er stolperte, die Grube, in die er fiel, der Felsen, von dem er hinunterstürzte – Warum hat mich heut früh nur niemand geweckt?!
Ich wollte mich nicht unschuldig verurteilen lassen und schlief, statt mich zu verteidigen. Mit meinem freien Willen wollte ich
15 einen dicken Strich durch eine Rechnung machen, aber die Rechnung war bereits längst bezahlt. Ich wollte uns alle retten, aber wir waren bereits ertrunken. In dem ewigen Meer der Schuld.
Doch wer ist denn schuld, dass das Schloss verdarb. Dass es sich nicht mehr zusperren ließ?
20 Egal ob offen oder zu, ich hätte es sagen müssen!
Die Pfade der Schuld berühren sich, kreuzen, verwickeln sich. Ein Labyrinth. Ein Irrgarten – mit Zerrspiegeln.
Jahrmarkt, Jahrmarkt!
Hereinspaziert, meine Herrschaften!
25 Zahlt Buße und Strafe für die Schuld eueres Daseins! Nur keine Angst, es ist zu spät! –
Am Nachmittag zogen wir alle aus, um den N zu finden.
Wir durchsuchten das ganze Gebiet, riefen „N!" und wieder „N!", aber es kam keine Antwort. Ich erwartete auch keine.
30 Es dämmerte bereits, als wir zurückkehrten. Durchnässt, durchfroren. Die Suche verlief ergebnislos.
„Wenn das so weiterregnet", flucht der Feldwebel, „gibt's noch die schönste Sündflut!"
Und es fiel mir wieder ein: Als es aufhörte zu regnen und die
35 Wasser der Sündflut wichen, sprach der Herr: „Ich will hinfort nicht mehr die Erde bestrafen um der Menschen willen."
Und wieder frage ich mich: Hat der Herr sein Versprechen gehalten?

Es regnet immer stärker.

„Wir müssens der Gendarmerie[1] melden", sagt der Feldwebel, „dass der N abgängig ist."

„Morgen."

5 „Ich versteh Sie nicht, Herr Lehrer, dass Sie so ruhig sind."

„Ich denke, er wird sich verirrt haben, man verirrt sich ja leicht, und vielleicht übernachtet er auf irgendeinem Bauernhof."

„In der Gegend dort gibt's keine Höfe, nur Höhlen."

Ich horche auf. Das Wort versetzt mir wieder einen Schlag.

10 „Wollen es hoffen", fährt der Feldwebel fort, „dass er in einer Höhle sitzt und dass er sich nichts gebrochen hat." Ja, wollen wir hoffen. –

Plötzlich frage ich den Feldwebel: „Warum haben Sie mich heut früh nicht geweckt?"

15 „Nicht geweckt?" Er lacht. „Ich hab Sie in einer Tour geweckt, aber Sie sind ja dagelegen, als hätt Sie der Teufel geholt!"

Richtig. Gott ist der Schrecklichste auf der Welt.

Der letzte Tag

Am letzten Tag unseres Lagerlebens kam Gott.

Ich erwartete ihn bereits.

20 Der Feldwebel und die Jungen zerlegten gerade die Zelte, als er kam.

Sein Erscheinen war furchtbar. Dem Feldwebel wurde es übel und er musste sich setzen. Die Jungen standen entsetzt herum, halb gelähmt. Erst allmählich bewegten sie sich wieder, und zwar

25 immer aufgeregter.

Nur der Z bewegte sich kaum.

Er starrte zu Boden und ging auf und ab. Doch nur ein paar Meter. Immer hin und her.

Dann schrie alles durcheinander, so schien es mir.

30 Nur der Z blieb stumm.

Was war geschehen?

---

[1] Polizei

Zwei Waldarbeiter waren im Lager erschienen, zwei Holzfäller mit Rucksack, Säge und Axt. Sie berichteten, dass sie einen Jungen gefunden hätten. Sie hatten seinen Schulausweis bei sich. Es war der N.

5 Er lag in der Nähe der Höhlen, in einem Graben, unweit der Lichtung. Mit einer klaffenden Kopfwunde. Ein Stein musste ihn getroffen haben oder ein Schlag mit irgendeinem stumpfen Gegenstande.

Auf alle Fälle war er hin. Tot und tot.

10 Man hat ihn erschlagen, sagten die Waldarbeiter.

Ich stieg mit den Waldarbeitern ins Dorf hinab. Zur Gendarmerie. Wir liefen fast. Gott blieb zurück.

Die Gendarmen[1] telefonierten mit dem Staatsanwalt in der nächsten Stadt und ich telegrafierte meinem Direktor. Die Mordkom-

15 mission erschien und begab sich an den Ort der Tat.

Dort lag der N im Graben.

Er lag auf dem Bauche.

Jetzt wurde er fotografiert.

Die Herren suchten die nähere Umgebung ab. Peinlich genau.

20 Sie suchten das Mordinstrument und irgendwelche Spuren.

Sie fanden, dass der N nicht in jenem Graben erschlagen wurde, sondern ungefähr zwanzig Meter entfernt davon. Man sah deutlich die Spur, wie er in den Graben geschleift worden war, damit ihn niemand finde.

25 Und sie fanden auch das Mordinstrument. Einen blutbefleckten spitzigen Stein. Auch einen Bleistift fanden sie, und einen Kompass.

Der Arzt konstatierte, dass der Stein mit großer Wucht aus nächster Nähe den Kopf des N getroffen haben musste. Und zwar

30 meuchlings[2], von rückwärts.

Befand sich der N auf der Flucht?

Der Untat musste nämlich ein heftiger Kampf vorangegangen sein, denn sein Rock war zerrissen. Und seine Hände zerkratzt. –

---

[1] Polizist
[2] heimtückisch

Als die Mordkommission das Lager betrat, erblickte ich sogleich den Z. Er saß etwas abseits. Auch sein Rock ist zerrissen, ging es mir durch den Sinn, und auch seine Hände sind zerkratzt.

Aber ich werde mich hüten, davon zu reden! Mein Rock hat zwar
5 keinen Riss und meine Hände sind ohne Kratzer, aber trotzdem bin auch ich daran schuld! –

Die Herren verhörten uns. Wir wussten alle nichts über den Hergang des Verbrechens. Auch ich nicht. Und auch der Z nicht.

Als der Staatsanwalt mich fragte: „Haben Sie keinen Verdacht?"
10 – da sah ich wieder Gott. Er trat aus dem Zelte, wo der Z schlief, und hatte das Tagebuch in der Hand. Jetzt sprach er mit dem R und ließ den Z nicht aus den Augen.

Der kleine R schien Gott nicht zu sehen, nur zu hören. Immer größer wurden seine Augen, als blickte er plötzlich in neues
15 Land.

Da höre ich wieder den Staatsanwalt: „So reden Sie doch! Haben Sie keinen Verdacht?"

„Nein."

„Herr Staatsanwalt", schreit plötzlich der R und drängt sich vor,
20 „der Z und der N haben sich immer gerauft! Der N hat nämlich das Tagebuch des Z gelesen und deshalb war ihm der Z todfeind – er führt nämlich ein Tagebuch, es liegt in einem Kästchen aus blauem Blech!"

Alle blicken auf den Z.
25 Der steht mit gesenktem Haupt. Man kann sein Gesicht nicht sehen. Ist es weiß oder rot? Langsam tritt er vor. Er hält vor dem Staatsanwalt.

Es wird sehr still.

„Ja", sagt er leise, „ich hab's getan."
30 Er weint.

Ich werfe einen Blick auf Gott.

Er lächelt.

Warum?

Und wie ich mich so frage, sehe ich ihn nicht mehr. Er ist wieder
35 fort.

Die Mitarbeiter

Morgen beginnt der Prozess.

Ich sitze auf der Terrasse eines Cafés und lese die Zeitungen. Der
5 Abend ist kühl, denn es ist Herbst geworden.

Schon seit vielen Tagen berichten die Zeitungen über die kommende Sensation. Einzelne unter der Überschrift Mordprozess Z,
andere unter Mordprozess N. Sie bringen Betrachtungen, Skiz-
zen, graben alte Kriminalfälle mit Jugendlichen im Mittelpunkt
10 aus, sprechen über die Jugend überhaupt und an sich, prophezei-
en und kommen vom Hundertsten ins Tausendste, finden aber
dennoch immer irgendwie zurück zum Ermordeten N und seinem Mörder Z. Heute früh erschien ein Mitarbeiter bei mir und
interviewte mich. Im Abendblatt muss es schon drinnen sein. Ich
15 suche das Blatt. Er hat mich sogar fotografiert.

Ja, das ist mein Bild! Hm, ich hätt mich kaum wiedererkannt. Eigentlich ganz nett. Und unter dem Bilde steht: „Was sagt der Lehrer?"

Nun, was sage ich?

20 „Einer unserer Mitarbeiter besuchte heute Vormittag im städtischen Gymnasium jenen Lehrer, der seinerzeit im Frühjahr die
oberste Aufsicht über jenes Zeltlager innehatte, allwo sich die ver-
hängsnisvolle Tragödie unter Jugendlichen abrollen[1] sollte. Der
Lehrer sagte, er stehe vor einem Rätsel, und zwar nach wie vor.
25 Der Z sei immer ein aufgeweckter Schüler gewesen und ihm,
dem Lehrer, wären niemals irgendwelche charakterlichen Ano-
malitäten[2], geschweige denn Defekte oder verbrecherische Ins-
tinkte aufgefallen. Unser Mitarbeiter legte dem Lehrer die folgenschwere Frage vor, ob diese Untat ihre Wurzel etwa in einer ge-
30 wissen Verrohung der Jugend hätte, was jedoch der Lehrer strikt
bestritt. Die heutige Jugend, meinte er, sei keineswegs verroht, sie
sei vielmehr, dank der allgemeinen Gesundung, äußerst pflicht-
bewusst, aufopferungsfreudig und absolut national. Dieser Mord
sei ein tiefbedauerlicher Einzelfall, ein Rückfall in schlimmste li-

---

[1] abspielen
[2] Abweichungen, Ungewöhnlichkeiten

beralistische Zeiten. Jetzt läutet die Schulglocke, die Pause ist aus,
und der Lehrer empfiehlt sich. Er schreitet in die Klasse, um junge aufgeschlossene Seelen zu wertvollen Volksgenossen auszubilden. Gottlob ist der Fall Z nur ein Ausnahmefall, der ausnahmsweise Durchbruch eines verbrecherischen Individualismus[1]!"
Hinter meinem Interview folgt eines mit dem Feldwebel. Auch
sein Bild ist in der Zeitung, aber so hat er mal ausgesehen, vor
dreißig Jahren. Ein eitler Knopf.
Nun, was sagt der Feldwebel?
„Unser Mitarbeiter besuchte auch den seinerzeitigen[2] militärischen Ausbildungsleiter. Der militärische Ausbildungsleiter,
kurz MA genannt, empfing unseren Mitarbeiter mit ausgesuchter
Höflichkeit, doch in der strammen Haltung des alten, immer
noch frischen Haudegens[3]. Seiner Ansicht nach entspringt die Tat
einem Mangel an Disziplin. Eingehend äußerte er sich über den
Zustand des Leichnams des Ermordeten, anlässlich dessen Auffindung. Er hatte den ganzen Weltkrieg mitgemacht, jedoch niemals eine derart grauenhafte Wunde gesehen. ‚Als alter Soldat
bin ich für den Frieden‘, schloss sein aufschlussreiches Gespräch."
„Unser Mitarbeiter besuchte auch die Präsidentin des Verbandes
gegen die Kinderverwahrlosung, die Frau Rauchfangkehrermeister[4] K. Die Präsidentin bedauert den Fall aus tiefstem Inneren
heraus. Sie kann schon seit Tagen nicht mehr schlafen, visionäre
Träume quälen die verdienstvolle Frau. Ihrer Meinung nach wäre
es höchste Zeit, dass die maßgebenden Faktoren endlich bessere
Besserungsanstalten bauten, angesichts der sozialen Not."
Ich blättere weiter. Ach, wer ist denn das? Richtig, das ist ja der
Bäckermeister N, der Vater des Toten! Und auch seine Gattin ist
abgebildet, Frau Elisabeth N, geborene S.
„Ihre Frage", sagt der Bäckermeister zum Mitarbeiter, „will ich
gerne beantworten. Das unbestechliche Gericht wird es heraus-

---

[1] hier: Einzelfall
[2] damaligen
[3] Draufgänger
[4] Schornsteinfegermeister

zufinden haben, ob unser ärmster Otto nicht doch nur das Opfer eines sträflichen Leichtsinns der Aufsichtsstelle geworden ist, ich denke jetzt ausschließlich an den Lehrer und keineswegs an den MA. Justitia fundamentum regnorum.[1] Überhaupt müsste eine richtige Durchsiebung des Lehrpersonals erfolgen, es wimmelt noch vor lauter getarnten Staatsfeinden. Bei Philippi sehen wir uns wieder!"

Und die Frau Bäckermeister meint: „Ottochen war meine Sonne. Jetzt hab ich halt nur mehr meinen Gatten. Aber Ottochen und ich, wir stehen immer in einem geistigen Kontakt. Ich bin in einem spiritistischen Zirkel[2]."

Ich lese weiter.

In einer anderen Zeitung steht: „Die Mutter des Mörders wohnt in einer Dreizimmerwohnung. Sie ist die Witwe des Universitätsprofessors Z, der vor zirka zehn Jahren starb. Professor Z war ein angesehener Physiologe[3]. Seine Studien über die Reaktion der Nerven anlässlich von Amputationen erregten nicht nur in Fachkreisen Aufsehen. Vor zirka zwanzig Jahren bildete er einige Zeit hindurch das Hauptangriffsziel des Vereins gegen Vivisektion[4]. Frau Professor Z verweigert uns leider jede Aussage. Sie sagt nur: ‚Meine Herren, können Sie es sich denn nicht denken, was ich durchzumachen habe?‘ Sie ist eine mittelgroße Dame. Sie trug Trauer." Und in einer anderen Zeitung entdeckte ich den Verteidiger des Angeklagten. Er hat auch mit mir schon dreimal gesprochen und scheint Feuer und Flamme für den Fall zu sein. Ein junger Anwalt, der weiß, was für ihn auf dem Spiele steht.

Alle Mitarbeiter blicken auf ihn.

Es ist ein langes Interview.

„In diesem sensationellen Mordprozess, meine Herren", beginnt der Verteidiger sein Interview, „befindet sich die Verteidigung in einer prekären[5] Situation. Sie hat nämlich ihre Klinge nicht nur

---

[1] (lat.) „Das Recht ist die Grundlage des Herrschens."
[2] Gruppe von Menschen, die an Erscheinungen Verstorbener glaubt
[3] Erforscher der Lebensvorgänge
[4] Eingriff am lebenden Tier zu wissenschaftlichen Versuchszwecken
[5] heiklen

gegen die Staatsanwaltschaft, sondern auch gegen den Angeklagten, den sie ja verteidigen muss, zu führen."

„Wieso?"

„Der Angeklagte, meine Herren, bekennt sich eines Verbrechens
wider die Person schuldig. Es ist Totschlag und nicht Mord, wie
ich ganz besonders zu vermerken bitte. Aber trotz des Geständnisses des jugendlichen Angeklagten bin ich felsenfest davon
überzeugt, dass er nicht der Täter ist. Meiner Überzeugung nach
deckt er jemanden."

„Sie wollen doch nicht behaupten, Herr Doktor, dass jemand anderer die Tat beging?"

„Doch, meine Herren, das will ich sogar sehr behaupten! Abgesehen davon, dass mir dies auch ein undefinierbares Gefühl sagt,
gewissermaßen der Jagdinstinkt des Kriminalisten, habe ich auch
bestimmte Gründe für meine Behauptung. Er war es nicht! Überlegen Sie sich doch mal die Motive der Tat! Er erschlägt seinen
Mitschüler, weil dieser sein Tagebuch las. Aber was stand denn in
dem Tagebuch? Doch hauptsächlich die Affäre mit jenem verkommenen Mädchen. Er schützt das Mädchen und verkündet
unüberlegt: ‚Jeder, der mein Tagebuch anrührt, stirbt!' – gewiss,
gewiss! Es spricht alles gegen ihn und doch auch wieder nicht alles. Abgesehen davon, dass die ganze Art und Weise seines Geständnisses einer ritterlichen Haltung nicht ganz entbehrt, ist es
denn nicht auffallend, dass er über den eigentlichen Totschlag
nicht spricht? Kein Wörtchen über den Hergang der Tat! Warum
erzählt er sie uns nicht? Er sagt, er erinnere sich nicht mehr.
Falsch! Er könnte sich nämlich gar nicht erinnern, denn er weiß
es ja nicht, wie, wo und wann sein bedauernswerter Mitschüler
erschlagen wurde. Er weiß nur, es geschah mit einem Stein. Man
zeigt ihm Steine, er kann sich nicht mehr erinnern. Meine
Herren, er deckt die Tat eines anderen!"

„Aber der zerrissene Rock und die Kratzer an den Händen?"

„Gewiss, er hat den N auf einem Felsen getroffen und hat mit ihm
gerauft, das erzählt er uns ja auch mit allen Einzelheiten. Aber
dass er ihm dann nachgeschlichen ist und hinterrücks mit einem
Stein – nein, nein! Den N erschlug ein anderer, oder vielmehr:
eine andere!" „Sie meinen jenes Mädchen?"

„Jawohl, die meine ich! Sie beherrschte ihn, sie beherrscht ihn noch immer. Er ist ihr hörig. Meine Herren, wir werden auch die Psychiater vernehmen!"

„Ist das Mädchen als Zeugin geladen?"

5 „Natürlich! Sie wurde kurz nach dem Morde in einer Höhle verhaftet und ist bereits längst abgeurteilt, samt ihrer Bande. Wir werden Eva sehen und hören, vielleicht schon morgen."

„Wie lange wird der Prozess dauern?"

„Ich rechne mit zwei bis drei Tagen. Es sind zwar nicht viele Zeu-
10 gen geladen, aber, wie gesagt, ich werde mit dem Angeklagten scharf kämpfen müssen. Hart auf hart! Ich fechte es durch! Er wird wegen Diebstahlsbegünstigung verurteilt werden – das ist alles!"

Ja, das ist alles.

15 Von Gott spricht keiner.

Mordprozess Z oder N

Vor dem Justizpalast[1] standen dreihundert Menschen. Sie wollten alle hinein, doch das Tor war zu, denn die Einlasskarten waren bereits seit Wochen vergeben. Meist durch Protektion[2], aber nun wurde streng kontrolliert.

20 In den Korridoren kam man kaum durch.

Alle wollten den Z sehen.

Besonders die Damenwelt.

Vernachlässigt und elegant, waren sie geil auf Katastrophen, von denen sie kein Kind bekommen konnten.

25 Sie lagen mit dem Unglück anderer Leute im Bett und befriedigten sich mit einem künstlichen Mitleid.

Die Pressetribüne war überfüllt.

Als Zeugen waren u. a. geladen: die Eltern des N, die Mutter des Z, der Feldwebel, der R, der mit Z und N das Zelt geteilt hatte, die
30 beiden Waldarbeiter, die die Leiche des Ermordeten gefunden hatten, der Untersuchungsrichter, die Gendarmen usw. usw.

---

[1] Gerichtsgebäude
[2] hier: durch Verbindungen, unter der Hand

Und natürlich auch ich.

Und natürlich auch Eva.

Aber die war noch nicht im Saal. Sie sollte erst vorgeführt werden.

5 Der Staatsanwalt und der Verteidiger blättern in den Akten.

Jetzt sitzt Eva in einer Einzelzelle und wartet, dass sie drankommt.

Der Angeklagte erscheint. Ein Wachmann begleitet ihn. Er sieht aus wie immer. Nur bleicher ist er geworden und mit den Augen
10 zwinkert er. Es stört ihn das Licht. Sein Scheitel ist noch in Ordnung.

Er setzt sich auf die Angeklagtenbank, als wär's eine Schulbank.

Alle sehen ihn an.

Er blickt kurz hin und erblickt seine Mutter.

15 Er starrt sie an – was rührt sich in ihm?

Scheinbar nichts.

Seine Mutter schaut ihn kaum an.

Oder scheint es nur so?

Denn sie ist dicht verschleiert – schwarz und schwarz, kein Ge-
20 sicht.

Der Feldwebel begrüßt mich und erkundigt sich, ob ich sein Interview gelesen hätte. Ich sage „Ja", und der Bäckermeister N horcht auf meine Stimme hin gehässig auf. Er könnt mich wahrscheinlich erschlagen.
25 Mit einer altbackenen Semmel.

Schleier

Der Präsident des Jugendgerichtshofes betritt den Saal, und alles erhebt sich. Er setzt sich und eröffnet die Verhandlung.

Ein freundlicher Großpapa.

Die Anklageschrift wird verlesen.

30 Z wird nicht des Totschlags, sondern des Mordes angeklagt, und zwar des meuchlerischen.

Der Großpapa nickt, als würde er sagen: „Oh, diese Kinder!"

Dann wendet er sich dem Angeklagten zu.

Z erhebt sich.

Er gibt seine Personalien[1] an und ist nicht befangen.

Nun soll er in freier Rede sein Leben erzählen. Er wirft einen scheuen Blick auf seine Mutter und wird befangen.

5 Es wäre so gewesen wie bei allen Kindern, fängt er dann leise an. Seine Eltern wären nicht besonders streng gewesen, wie eben alle Eltern. Sein Vater sei schon sehr bald gestorben.

Er ist das einzige Kind.

Die Mutter führt ihr Taschentuch an die Augen, aber oberhalb des 10 Schleiers.

Ihr Sohn erzählt, was er werden wollte – ja, er wollte mal ein großer Erfinder werden. Aber er wollte nur Kleinigkeiten erfinden, wie zum Beispiel: einen neuartigen Reißverschluss.

„Sehr vernünftig", nickte der Präsident. „Aber wenn du nichts er-15 funden hättest?"

„Dann wäre ich Flieger geworden. Postflieger. Am liebsten nach Übersee."

Zu den Negern?, muss ich unwillkürlich denken.

Und wie der Z so von seiner ehemaligen Zukunft spricht, rückt 20 die Zeit immer näher und näher – bald wird er da sein, der Tag, an dem der liebe Gott kam. Der Z schildert das Lagerleben, das Schießen, Marschieren, das Hissen der Flagge, den Feldwebel und mich. Und er sagt einen sonderbaren Satz: „Die Ansichten des Herrn Lehrers waren mir oft zu jung."

25 Der Präsident staunt.

„Wieso?"

„Weil der Herr Lehrer immer nur sagte, wie es auf der Welt sein sollte, und nie, wie es wirklich ist."

Der Präsident sieht den Z groß an. Fühlt er, dass nun ein Gebiet 30 betreten wurde, wo das Radio regiert? Wo die Sehnsucht nach der Moral zum alten Eisen geworfen wird, während man vor der Brutalität der Wirklichkeit im Staube liegt? Ja, er scheint es zu fühlen, denn er sucht nach einer günstigen Gelegenheit, um die Erde verlassen zu können. Plötzlich fragt er den Z: „Glaubst du an 35 Gott?"

---

[1] Angaben zur Person

„Ja", sagt der Z, ohne zu überlegen.

„Und kennst du das fünfte Gebot?"

„Ja."

„Bereust du deine Tat?"

5 Es wird sehr still im Saal.

„Ja", meint der Z, „ich bereue sie sehr."

Sie klang aber unecht, die Reue.

Der Präsident schneuzte sich.

Das Verhör wandte sich dem Mordtag zu.

10 Die Einzelheiten, die bereits jeder kannte, wurden abermals durchgekaut.

„Wir sind sehr früh fortmarschiert", erzählt der Z zum hundertsten Mal, „und sind dann bald in einer Schwarmlinie durch das Dickicht gegen einen Höhenzug vorgerückt, der von dem mar-
15 kierten Feinde gehalten wurde. In der Nähe der Höhlen traf ich zufällig den N. Es war auf einem Felsen. Ich hatte eine riesige Wut auf den N, weil er mein Kästchen erbrochen hat. Er hat es zwar geleugnet –"

„Halt!", unterbricht ihn der Präsident. „Der Herr Lehrer hat es
20 hier in den Akten vor dem Untersuchungsrichter zu Protokoll gegeben, dass du ihm gesagt hättest, der N hätte es dir gestanden, dass er das Kästchen erbrochen hat."

„Das hab ich nur so gesagt."

„Warum?"

25 „Damit kein Verdacht auf mich fällt, wenn es herauskommt."

„Aha. Weiter!"

„Wir gerieten also ins Raufen, ich und der N, und er warf mich fast den Felsen hinab – da wurde es mir rot vor den Augen, ich sprang wieder empor und warf ihm den Stein hinauf."

30 „Auf dem Felsen?"

„Nein."

„Sondern wo?"

„Das hab ich vergessen."

Er lächelt.

35 Es ist nichts aus ihm herauszubekommen.

Er erinnert sich nicht mehr.

„Und wo setzt sie wieder ein, deine Erinnerung?"

„Ich ging ins Lager zurück und schrieb es in mein Tagebuch hinein, dass ich mit dem N gerauft habe."

„Ja, das ist die letzte Eintragung, aber du hast den letzten Satz nicht zu Ende geschrieben."

5 „Weil mich der Herr Lehrer gestört hat."

„Was wollte er von dir?"

„Ich weiß es nicht."

„Nun, er wird es uns schon erzählen."

Auf dem Gerichtstisch liegt das Tagebuch, ein Bleistift und ein
10 Kompass. Und ein Stein.

Der Präsident fragt den Z, ob er den Stein wiedererkenne?

Der Z nickt ja.

„Und wem gehört der Bleistift, der Kompass?"

„Die gehören nicht mir."

15 „Sie gehören dem unglücklichen N", sagt der Präsident und blickt
wieder in die Akten. „Doch nein! Nur der Bleistift gehört dem N!
Warum sagst du es denn nicht, dass der Kompass dir gehört?"

Der Z wird rot.

„Ich hab es vergessen", entschuldigt er sich leise.

20 Da erhebt sich der Verteidiger: „Herr Präsident, vielleicht gehört
der Kompass wirklich nicht ihm."

„Was wollen Sie damit sagen?"

„Damit will ich sagen, dass dieser fatale Kompass, der dem N
nicht gehört, vielleicht auch dem Z nicht gehört, sondern viel-
25 leicht einer dritten Person. Bitte mal den Angeklagten zu fragen,
ob wirklich niemand Dritter dabei war, als die Tat geschah."

Er setzte sich wieder, und der Z wirft einen kurzen, feindseligen
Blick auf ihn.

„Es war keinerlei dritte Person dabei", sagt er fest.

30 Da springt der Verteidiger auf: „Wieso erinnert er sich so fest daran, dass keine dritte Person dabei war, wenn er sich überhaupt
nicht erinnern kann, wann, wie und wo die Tat verübt wurde?!"

Aber nun mischt sich auch der Staatsanwalt ins Gespräch. „Der
Herr Verteidiger will anscheinend darauf hinaus", meint er iro-
35 nisch, „dass nicht der Angeklagte, sondern der große Unbekannte den Mord vollführte. Jawohl, der große Unbekannte –"

„Ich weiß nicht", unterbricht ihn der Verteidiger, „ob man ein verkommenes Mädchen, das eine Räuberbande organisierte, so ohne Weiteres als eine große Unbekannte bezeichnen darf –"

„Das Mädel war es nicht", fällt ihm der Staatsanwalt ins Wort, „sie
5 wurde weiß Gott eingehend genug verhört, wir werden ja auch den Herrn Untersuchungsrichter als Zeugen hören – abgesehen davon, dass ja der Angeklagte die Tat glatt zugibt, er hat sie sogar sogleich zugegeben, was auch in gewisser Hinsicht für ihn spricht. Die Absicht der Verteidigung, die Dinge so hinzustellen,
10 als hätte das Mädchen gemordet und als würde der Z sie nur decken, führt zu Hirngespinsten!" „Abwarten!", lächelt der Verteidiger und wendet sich an den Z: „Steht es nicht schon in deinem Tagebuch, sie nahm einen Stein und warf ihn nach mir – und wenn der mich getroffen hätte, dann wär ich jetzt hin?"
15 Der Z sieht ihn ruhig an. Dann macht er eine wegwerfende Geste.

„Ich hab übertrieben, es war nur ein kleiner Stein."

Und plötzlich gibt er sich einen Ruck.

„Verteidigen Sie mich nicht mehr, Herr Doktor, ich möchte be-
20 straft werden für das, was ich tat!"

„Und deine Mutter?", schreit ihn sein Verteidiger an. „Denkst du denn gar nicht an deine Mutter, was die leidet?! Du weißt ja nicht, was du tust!"

Der Z steht da und senkt den Kopf.
25 Dann blickt er auf seine Mutter. Fast forschend.

Alle schauen sie an, aber sie können nichts sehen vor lauter Schleier.

In der Wohnung

Vor Einvernahme der Zeugen schaltet der Präsident eine Pause ein. Es ist Mittag. Der Saal leert sich allmählich, der Angeklagte
30 wird abgeführt. Staatsanwalt und Verteidiger blicken sich siegesgewiss an.

Ich gehe in den Anlagen vor dem Justizpalast spazieren. Es ist ein trüber Tag, nass und kalt.

Die Blätter fallen – ja, es ist wieder Herbst geworden. Ich biege um eine Ecke und halte fast.

Aber ich gehe gleich weiter.

Auf der Bank sitzt die Mutter des Z.

5 Sie rührt sich nicht.

Sie ist eine mittelgroße Dame, fällt es mir ein.

Unwillkürlich grüße ich. Sie dankt jedoch nicht.

Wahrscheinlich hat sie mich gar nicht gesehen.

Wahrscheinlich ist sie ganz anderswo –

10 Die Zeit, in der ich an keinen Gott glaubte, ist vorbei. Heute glaube ich an ihn. Aber ich mag ihn nicht. Ich sehe ihn noch vor mir, wie er im Zeltlager mit dem kleinen R spricht und den Z nicht aus den Augen lässt. Er muss stechende, tückische Augen haben – kalt, sehr kalt. Nein, er ist nicht gut.

15 Warum lässt er die Mutter des Z so sitzen? Was hat sie denn getan? Kann sie für das, was ihr Sohn verbrach? Warum verurteilt er die Mutter, wenn er den Sohn verdammt? Nein, er ist nicht gerecht.

Ich will mir eine Zigarette anzünden.

20 Zu dumm, ich hab sie zu Hause vergessen!

Ich verlasse die Anlagen und suche ein Zigarettengeschäft.

In einer Seitenstraße finde ich eines.

Es ist ein kleines Geschäft und gehört einem uralten Ehepaar. Es dauert lang, bis der Alte die Schachtel öffnet und die Alte zehn 25 Zigaretten zählt. Sie stehen sich gegenseitig im Wege, sind aber freundlich zueinander. Die Alte gibt mir zu wenig heraus und ich mache sie lächelnd darauf aufmerksam. Sie erschrickt sehr. „Gott behüt!", meint sie, und ich denke, wenn dich Gott behütet, dann bist du ja wohl geborgen.

30 Sie hat kein Kleingeld und geht hinüber zum Metzger wechseln.

Ich bleib mit dem Alten zurück und zünde mir eine Zigarette an.

Er fragt, ob ich einer vom Gericht wär, denn bei ihm kauften hauptsächlich Herren vom Gericht. Und schon fängt er auch mit 35 dem Mordprozess an. Der Fall sei nämlich riesig interessant, denn da könnte man deutlich Gottes Hand darin beobachten.

Ich horche auf.

„Gottes Hand?"

„Ja", sagt er, „denn in diesem Fall scheinen alle Beteiligten schuld zu sein. Auch die Zeugen, der Feldwebel, der Lehrer – und auch die Eltern."

5 „Die Eltern?"

„Ja. Denn nicht nur die Jugend, auch die Eltern kümmern sich nicht mehr um Gott. Sie tun, als wär er gar nicht da."

Ich blicke auf die Straße hinaus.

Die Alte verlässt die Metzgerei und geht nach rechts zum Bäcker.

10 Aha, der Metzger konnte auch nicht wechseln.

Es ist niemand auf der Straße zu sehen, und plötzlich werde ich einen absonderlichen Gedanken nicht mehr los: Es hat etwas zu bedeuten, denke ich, dass der Metzger nicht wechseln kann. Es hat etwas zu bedeuten, dass ich hier warten muss.

15 Ich sehe die hohen grauen Häuser und sage: „Wenn man nur wüsste, wo Gott wohnt."

„Er wohnt überall, wo er nicht vergessen wurde", höre ich die Stimme des Alten. „Er wohnt auch hier bei uns, denn wir streiten uns nie."

20 Ich halte den Atem an.

Was war das?

War das noch die Stimme des Alten?

Nein, das war nicht seine – das war eine andere Stimme.

Wer sprach da zu mir?

25 Ich dreh mich nicht um.

Und wieder höre ich die Stimme:

„Wenn du als Zeuge aussagst und meinen Namen nennst, dann verschweige es nicht, dass du das Kästchen erbrochen hast."

Das Kästchen!

30 Nein! Da werd ich doch nur bestraft, weil ich den Dieb nicht verhaften ließ!

„Das sollst du auch!"

Aber ich verliere auch meine Stellung, mein Brot –

„Du musst es verlieren, damit kein neues Unrecht entsteht."

35 Und meine Eltern?! Ich unterstütze sie ja!

„Soll ich dir deine Kindheit zeigen?"

Meine Kindheit?

Die Mutter keift, der Vater schimpft. Sie streiten sich immer.
Nein, hier wohnst du nicht. Hier gehst du nur vorbei, und dein
Kommen bringt keine Freude –
Ich möchte weinen.

5 „Sage es", höre ich die Stimme, „sage es, dass du das Kästchen
erbrochen hast. Tu mir den Gefallen und kränke mich nicht wieder."

Der Kompass

Der Prozess schreitet fort.
Die Zeugen sind dran.
10 Der Waldarbeiter, die Gendarmen, der Untersuchungsrichter, der
Feldwebel, sie habens schon hinter sich. Auch der Bäckermeister
N und seine Gattin Elisabeth sagten schon, was sie wussten. Sie
wussten alle nichts.
Der Bäckermeister brachte es nicht übers Herz, meine Ansicht
15 über die Neger unerwähnt zu lassen. Er richtete heftige Vorwürfe
gegen meine verdächtige Gesinnung, und der Präsident sah ihn
missbilligend an, wagte es aber nicht, ihn zu unterbrechen.
Jetzt wird die Mutter des Z aufgerufen.
Sie erhebt sich und tritt vor.
20 Der Präsident setzt es ihr auseinander, dass sie sich ihrer Zeugenaussage entschlagen könnte, doch sie fällt ihm ins Wort, sie wolle
aussagen.
Sie spricht, nimmt jedoch den Schleier nicht ab.
Sie hat ein unangenehmes Organ.
25 Der Z sei ein stilles, jedoch jähzorniges Kind, erzählt sie, und
diesen Jähzorn hätte er von seinem Vater geerbt. Krank wäre er
nie gewesen, nur so die gewöhnlichen harmlosen Kinderkrank-
heiten hätte er durchgemacht. Geistige Erkrankungen wären in
der Familie auch nicht vorgekommen, weder väterlicher- noch
30 mütterlicherseits.
Plötzlich unterbricht sie sich selber und fragt: „Herr Präsident,
darf ich an meinen Sohn eine Frage richten?"
„Bitte!"

Sie tritt an den Gerichtstisch, nimmt den Kompass in die Hand und wendet sich ihrem Sohne zu.

„Seit wann hast du denn einen Kompass?", fragt sie und es klingt wie Hohn. „Du hast doch nie einen gehabt, wir haben uns ja noch gestritten vor deiner Abreise ins Lager, weil du sagtest, alle haben einen, nur ich nicht, und ich werde mich verirren ohne Kompass – woher hast du ihn also?"

Der Z starrt sie an.

Sie wendet sich triumphierend an den Präsidenten: „Es ist nicht sein Kompass und den Mord hat der begangen, der diesen Kompass verloren hat!"

Der Saal murmelt und der Präsident fragt den Z: „Hörst du, was deine Mutter sagt?"

Der Z starrt sie noch immer an.

„Ja", sagt er langsam. „Meine Mutter lügt."

Der Verteidiger schnellt empor: „Ich beantrage, ein Fakultätsgutachten über den Geisteszustand des Angeklagten einzuholen!"

Der Präsident meint, das Gericht würde sich später mit diesem Antrag befassen.

Die Mutter fixiert den Z: „Ich lüge, sagst du?"

„Ja."

„Ich lüge nicht!", brüllt sie plötzlich los. „Nein, ich habe noch nie in meinem Leben gelogen, aber du hast immer gelogen, immer! Ich sage die Wahrheit und nur die Wahrheit, aber du willst doch nur dieses dreckige Weibsbild beschützen, dieses verkommene Luder!"

„Das ist kein Luder!"

„Halt den Mund!", kreischt die Mutter und wird immer hysterischer. „Du denkst eh immer nur an lauter solche elende Fetzen[1], aber nie denkst du an deine arme Mutter!"

„Das Mädel ist mehr wert wie du!"

„Ruhe!", schreit der Präsident empört und verurteilt den Z wegen Zeugenbeleidigung zu zwei Tagen Haft. „Unerhört", fährt er ihn an, „wie du deine eigene Mutter behandelst! Das lässt aber tief blicken!"

---

[1] Schimpfwort für Frauen

Jetzt verliert der Z seine Ruhe.

Der Jähzorn, den er von seinem Vater geerbt hat, bricht aus.

„Das ist doch keine Mutter!", schreit er. „Nie kümmert sie sich um mich, immer nur um ihre Dienstboten! Seit ich lebe, höre ich ihre ekelhafte Stimme, wie sie in der Küche die Mädchen beschimpft!"

„Er hat immer zu den Mädeln gehalten, Herr Präsident! Genau wie mein Mann!" Sie lacht kurz.

„Lach nicht, Mutter!", herrscht sie der Sohn an. „Erinnerst du dich an die Thekla?!"

„An was für eine Thekla?!"

„Sie war fünfzehn Jahre alt, und du hast sie sekkiert[1], wo du nur konntest! Bis elf Uhr nachts musste sie bügeln und morgens um halb fünf schon aufstehen, und zu fressen hat sie auch nichts bekommen! Und dann ist sie weg – erinnerst du dich?"

„Ja, sie hat gestohlen!"

„Um fort zu können! Ich war damals sechs Jahre alt und weiß es noch genau, wie der Vater nach Haus gekommen ist und gesagt hat, das arme Mädel ist erwischt worden, sie kommt in die Besserungsanstalt! Und daran warst du schuld, nur du!"

„Ich?!"

„Vater hat es auch gesagt!"

„Vater, Vater! Der hat vieles gesagt!"

„Vater hat nie gelogen! Ihr habt euch damals entsetzlich gestritten und Vater schlief nicht zu Haus, erinnerst du dich? Und so ein Mädel wie die Thekla, so eines ist auch die Eva – genauso! Nein, Mutter, ich mag dich nicht mehr!"

Es wurde sehr still im Saal.

Dann sagt der Präsident: „Ich danke, Frau Professor!"

Das Kästchen

Nun bin ich dran.

Es ist bereits dreiviertel fünf.

Ich werde als Zeuge vereidigt.

---

[1] schikaniert, gequält

Ich schwöre bei Gott, nach bestem Gewissen die Wahrheit zu sagen und nichts zu verschweigen.

Jawohl, nichts zu verschweigen.

Während ich schwöre, wird der Saal unruhig.

5 Was gibt's?

Ich dreh mich kurz um und erblicke Eva.

Sie setzt sich gerade auf die Zeugenbank, begleitet von einer Gefängnisbeamtin.

Ihre Augen wollt ich mal sehen, geht es mir durch den Sinn.

10 Ich werde sie mir anschauen, sowie ich alles gesagt haben werde.

Jetzt komme ich nicht dazu.

Ich muss ihr den Rücken zeigen, denn vor mir steht das Kruzifix.

15 Sein Sohn.

Ich schiele nach dem Z.

Er lächelt.

Ob sie jetzt wohl auch lächelt – hinter meinem Rücken? Ich beantworte die Fragen des Präsidenten. Er streift auch wieder die

20 Neger – ja, wir verstehen uns. Ich stelle dem N ein gutes Zeugnis aus und ebenso dem Z. Beim Mord war ich nicht dabei. Der Präsident will mich schon entlassen, da falle ich ihm ins Wort: „Nur noch eine Kleinigkeit, Herr Präsident!"

„Bitte!"

25 „Jenes Kästchen, in welchem das Tagebuch des Z lag, erbrach nicht der N."

„Nicht der N? Sondern?"

„Sondern ich. Ich war es, der das Kästchen mit einem Draht öffnete."

30 Die Wirkung dieser Worte war groß.

Der Präsident ließ den Bleistift fallen, der Verteidiger schnellte empor, der Z glotzte mich an mit offenem Munde, seine Mutter schrie auf, der Bäckermeister wurde bleich, wie Teig, und griff sich ans Herz.

35 Und Eva?

Ich weiß es nicht.

Ich fühle nur eine allgemeine ängstliche Unruhe hinter mir.

Es murrt, es tuschelt.

Der Staatsanwalt erhebt sich hypnotisiert und deutet langsam mit dem Finger nach mir. „Sie?!", fragt er gedehnt.

„Ja", sage ich und wundere mich über meine Ruhe. Ich fühle
5 mich wunderbar leicht.

Und erzähle nun alles.

Warum ich das Kästchen erbrach und weshalb ich es dem Z nicht sogleich gestand. Weil ich mich nämlich schämte, aber es war auch eine Feigheit dabei.

10 Ich erzähle alles.

Weshalb ich das Tagebuch las und warum ich keine gesetzlichen Konsequenzen zog, denn ich wollte einen Strich durch eine Rechnung ziehen. Einen dicken Strich. Durch eine andere Rechnung. Ja, ich war dumm! Ich bemerke, dass der Staatsanwalt zu notieren
15 beginnt, aber das stört mich nicht.

Alles, alles!

Erzähl nur zu!

Auch Adam und Eva. Und die finsteren Wolken und den Mann im Mond!

20 Als ich fertig bin, steht der Staatsanwalt auf.

„Ich mache den Herrn Zeugen darauf aufmerksam, dass er sich über die Konsequenzen seiner interessanten Aussage keinerlei Illusionen hingeben soll. Die Staatsanwaltschaft behält es sich vor, Anklage wegen Irreführung der Behörden und Diebstahlsbe-
25 günstigung zu erheben."

„Bitte", verbeuge ich mich leicht, „ich habe geschworen, nichts zu verschweigen."

Da brüllt der Bäckermeister: „Er hat meinen Sohn am Gewissen, nur er!" Er bekommt einen Herzanfall und muss hinausgeführt
30 werden. Seine Gattin hebt drohend den Arm: „Fürchten Sie sich", ruft sie mir zu, „fürchten Sie sich vor Gott."

Nein, ich fürchte mich nicht mehr vor Gott.

Ich spüre den allgemeinen Abscheu um mich herum. Nur zwei Augen verabscheuen mich nicht.

35 Sie ruhen auf mir.

Still, wie die dunklen Seen in den Wäldern meiner Heimat.

Eva, bist du schon der Herbst?

Vertrieben aus dem Paradies

Eva wird nicht vereidigt.

„Kennst du das?", fragt sie der Präsident und hebt den Kompass hoch.

„Ja", sagt sie, „das zeigt die Richtung an."

5 „Weißt du, wem der gehört?"

„Mir nicht, aber ich kann es mir denken."

„Schwindel nur nicht!"

„Ich schwindle nicht. Ich möchte jetzt genauso die Wahrheit sagen wie der Herr Lehrer."

10 Wie ich?

Der Staatsanwalt lächelt ironisch.

Der Verteidiger lässt sie nicht aus den Augen.

„Also los!", meint der Präsident.

Und Eva beginnt:

15 „Als ich den Z in der Nähe unserer Höhle traf, kam der N daher."

„Du warst also dabei?"

„Ja."

„Und warum sagst du das erst jetzt? Warum hast du denn die

20 ganze Untersuchung über gelogen, dass du nicht dabei warst, wie der Z den N erschlug?!"

„Weil der Z nicht den N erschlug."

„Nicht der Z?! Sondern?!"

Ungeheuer ist die Spannung. Alles im Saal beugt sich vor. Sie

25 beugen sich über das Mädchen, aber das Mädchen wird nicht kleiner.

Der Z ist sehr blass.

Und Eva erzählt: „Der Z und der N rauften fürchterlich, der N war stärker und warf den Z über den Felsen hinab. Ich dachte, jetzt ist

30 er hin und ich wurde sehr wild und ich dachte auch, er kennt ja das Tagebuch und weiß alles von mir – ich nahm einen Stein, diesen Stein da, und lief ihm nach. Ich wollte ihm den Stein auf den Kopf schlagen, ja ich wollte, aber plötzlich sprang ein fremder Junge aus dem Dickicht, entriss mir den Stein und eilte dem N nach. Ich sah, wie er ihn einholte und mit ihm redete. Es war bei

einer Lichtung. Den Stein hielt er noch immer in der Hand. Ich versteckte mich, denn ich hatte Angst, dass die beiden zurückkommen. Aber sie kamen nicht, sie gingen eine andere Richtung, der N zwei Schritte voraus. Auf einmal hebt der Fremde den Stein und schlägt ihn von hinten dem N auf den Kopf. Der N fiel hin und rührte sich nicht. Der Fremde beugte sich über ihn und betrachtete ihn, dann schleifte er ihn fort. In einen Graben. Er wusste es nicht, dass ich alles beobachtete. Ich lief dann zum Felsen zurück und traf dort den Z. Er tat sich nichts durch den Sturz, nur sein Rock[1] war zerrissen und seine Hände waren zerkratzt." –

Der Verteidiger findet als Erster seine Sprache wieder: „Ich stelle den Antrag, die Anklage gegen Z fallen zu lassen –"

„Moment, Herr Doktor", unterbricht ihn der Präsident und wendet sich an den Z, der das Mädel immer noch entgeistert anstarrt.

„Ist das wahr, was sie sagte?"

„Ja", nickt leise der Z.

„Hast du denn auch gesehen, dass ein fremder Junge den N erschlug?"

„Nein, das habe ich nicht gesehen."

„Na also!", atmet der Staatsanwalt erleichtert auf und lehnt sich befriedigt zurück.

„Er sah nur, dass ich den Stein erhob und dem N nachlief", sagte Eva.

„Also warst du es, die ihn erschlug", konstatiert der Verteidiger. Aber das Mädchen bleibt ruhig.

„Ich war es nicht."

Sie lächelt sogar.

„Wir kommen noch darauf zurück", meint der Präsident. „Ich möchte jetzt nur hören, warum ihr das bis heute verschwiegen habt, wenn ihr unschuldig seid. Nun?"

Die beiden schweigen.

Dann beginnt wieder das Mädchen.

---

[1] hier: Herrenjacke

„Der Z hat es auf sich genommen, weil er gedacht hat, dass ich
den N erschlagen hätt. Er hat es mir nicht glauben wollen, dass es
ein anderer tat."

„Und wir sollen es dir glauben?"

5 Jetzt lächelt sie wieder.

„Ich weiß es nicht, es ist aber so –"

„Und du hättest ruhig zugeschaut, dass er unschuldig verurteilt
wird?"

„Ruhig nicht, ich hab ja genug geweint, aber ich hatte so Angst
10 vor der Besserungsanstalt – und dann, dann hab ich's doch jetzt
gesagt, dass er es nicht gewesen ist."

„Warum erst jetzt?"

„Weil halt der Herr Lehrer auch die Wahrheit gesagt hat."

„Sonderbar!", grinst der Staatsanwalt.

15 „Und wenn der Herr Lehrer nicht die Wahrheit gesagt hätte?",
erkundigt sich der Präsident.

„Dann hätte auch ich geschwiegen."

„Ich denke", meint der Verteidiger sarkastisch, „du liebst den Z.
Die wahre Liebe ist das allerdings nicht."

20 Man lächelt.

Eva blickt den Verteidiger groß an.

„Nein", sagt sie leise, „ich liebe ihn nicht."

Der Z schnellt empor.

„Ich hab ihn auch nie geliebt", sagt sie etwas lauter und senkt den
25 Kopf.

Der Z setzt sich langsam wieder und betrachtet seine rechte
Hand.

Er wollte sie beschützen, aber sie liebt ihn nicht.

Er wollte sich für sie verurteilen lassen, aber sie liebte ihn nie.

30 Es war nur so –

An was denkt jetzt der Z?

Denkt er an seine ehemalige Zukunft?

An den Erfinder, den Postflieger?

Es war alles nur so –

35 Bald wird er Eva hassen.

Der Fisch

„Nun", fährt der Präsident fort, Eva zu verhören, „du hast also den
N mit diesem Steine hier verfolgt?"
„Ja."
„Und du wolltest ihn erschlagen?"
5 „Aber ich tat es nicht!"
„Sondern?"
„Ich hab's ja schon gesagt, es kam ein fremder Junge, der stieß
mich zu Boden und lief mit dem Stein dem N nach."
„Wie sah denn dieser fremde Junge aus?"
10 „Es ging alles so rasch, ich weiß es nicht –"
„Ach, der große Unbekannte!", spöttelt der Staatsanwalt.
„Würdest du ihn wiedererkennen?", lässt der Präsident nicht lo-
cker.
„Vielleicht. Ich erinner mich nur, er hatte helle, runde Augen. Wie
15 ein Fisch."
Das Wort versetzt mir einen ungeheueren Hieb.
Ich springe auf und schreie: „Ein Fisch?!"
„Was ist Ihnen?", fragt der Präsident und wundert sich.
Alles staunt.
20 Ja, was ist mir denn nur?
Ich denke an einen illuminierten Totenkopf.
Es kommen kalte Zeiten, höre ich Julius Caesar, das Zeitalter der
Fische. Da wird die Seele des Menschen unbeweglich, wie das
Antlitz eines Fisches.
25 Zwei helle, runde Augen sehen mich an. Ohne Schimmer, ohne
Glanz.
Es ist der T.
Er steht an dem offenen Grabe.
Er steht auch im Zeltlager und lächelt leise, überlegen spöttisch.
30 Hat er es schon gewusst, dass ich das Kästchen erbrochen hab?
Hat auch er das Tagebuch gekannt?
Hat er spioniert?
Ist er dem Z nachgeschlichen und dem N?
Er lächelt seltsam starr.
35 Ich rühre mich nicht.

Und wieder fragt der Präsident: „Was ist Ihnen?"

Soll ich es sagen, dass ich an den T denke?

Unsinn!

Warum sollte denn der T den N erschlagen haben?

5 Es fehlt doch jedes Motiv –

Und ich sage: „Verzeihung, Herr Präsident, aber ich bin etwas nervös."

„Begreiflich!", grinst der Staatsanwalt.

Ich verlasse den Saal.

10 Ich weiß, sie werden den Z freisprechen und das Mädel verurteilen. Aber ich weiß auch, es wird sich alles ordnen.

Morgen oder übermorgen wird die Untersuchung gegen mich eingeleitet werden. Wegen Irreführung der Behörde und Diebstahlsbegünstigung.

15 Man wird mich vom Lehramt suspendieren.

Ich verliere mein Brot.

Aber es schmerzt mich nicht.

Was werd ich fressen?

Komisch, ich hab keine Sorgen.

20 Die Bar fällt mir ein, in der ich Julius Caesar traf.

Sie ist nicht teuer.

Aber ich besaufe mich nicht.

Ich geh heim und leg mich nieder.

Ich hab keine Angst mehr vor meinem Zimmer.

25 Wohnt er jetzt auch bei mir?

Er beißt nicht an

Richtig, im Morgenblatt[1] steht es bereits!

Der Z wurde nur wegen Irreführung der Behörden und Diebstahlsbegünstigung unter Zubilligung mildernder Umstände zu einer kleinen Freiheitsstrafe verurteilt, aber gegen das Mädchen

30 erhob der Staatsanwalt die Anklage wegen Verbrechens des meuchlerischen Mordes.

---

[1] Morgenzeitung

Der neue Prozess dürfte in drei Monaten stattfinden.

Das verkommene Geschöpf hat zwar hartnäckig ihre Unschuld beteuert, schreibt der Gerichtssaalberichterstatter, aber es war wohl niemand zugegen, der ihrem Geschrei irgendwelchen Glau-
5 ben geschenkt hat. Wer einmal lügt, lügt bekanntlich auch zweimal! Selbst der Angeklagte Z reichte ihr am Ende der Verhandlung nicht mehr die Hand, als sie sich von der Gefängnisbeamtin losriss, zu ihm hinstürzte und ihn um Verzeihung bat, dass sie ihn nie geliebt hätte!
10 Aha, er hasst sie bereits!

Jetzt ist sie ganz allein.

Ob sie noch immer schreit?

Schrei nicht, ich glaube dir –

Warte nur, ich werde den Fisch fangen.
15 Aber wie?

Ich muss mit ihm sprechen, und zwar so bald wie möglich!

Mit der Morgenpost erhielt ich bereits ein Schreiben von der Aufsichtsbehörde: Ich darf das Gymnasium nicht mehr betreten, solange die Untersuchung gegen mich läuft.
20 Ich weiß, ich werde es nie mehr betreten, denn man wird mich glatt verurteilen. Und zwar ohne Zubilligung mildernder Umstände.

Aber das geht mich jetzt nichts an!

Denn ich muss einen Fisch fangen, damit ich sie nicht mehr
25 schreien höre.

Meine Hausfrau bringt das Frühstück und benimmt sich scheu. Sie hat meine Zeugenaussage in der Zeitung gelesen und der Wald rauscht. Die Mitarbeiter schreiben: „Der Lehrer als Diebshelfer" – und einer schreibt sogar, ich wäre ein geistiger Mörder.
30 Keiner nimmt meine Partei.

Gute Zeiten für den Herrn Bäckermeister N, falls ihn heut Nacht nicht der Teufel geholt hat! –

Mittags stehe ich in der Nähe des Gymnasiums, das ich nicht mehr betreten darf, und warte auf Schulschluss. Endlich verlas-
35 sen die Schüler das Haus.

Auch einige Kollegen.

Sie können mich nicht sehen.

Und jetzt kommt der T.

Er ist allein und biegt nach rechts ab.

Ich gehe ihm langsam entgegen.

Er erblickt mich und stutzt einen Augenblick.

5 Dann grüßt er und lächelt.

„Gut, dass ich dich treffe", spreche ich ihn an, „denn ich hätte Verschiedenes mit dir zu besprechen."

„Bitte", verbeugt er sich höflich.

„Doch hier auf der Straße ist zu viel Lärm, komm, gehen wir in
10 eine Konditorei, ich lade dich ein auf ein Eis!"

„Oh, danke!"

Wir sitzen in der Konditorei.

Der Fisch bestellt sich Erdbeer und Zitrone.

Er löffelt das Eis.

15 Selbst wenn er frisst, lächelt er, stelle ich fest.

Und plötzlich überfalle ich ihn mit dem Satz: „Ich muss mit dir über den Mordprozess sprechen."

Er löffelt ruhig weiter.

„Schmeckt's?"

20 „Ja."

Wir schweigen.

„Sag mal", beginne ich wieder, „glaubst du, dass das Mädel den N erschlagen hat?"

„Ja."

25 „Du glaubst es also nicht, dass es ein fremder Junge tat?"

„Nein. Das hat sie nur erfunden, um sich herauszulügen."

Wir schweigen wieder.

Plötzlich löffelt er nicht mehr weiter und sieht mich misstrauisch an: „Was wollen Sie eigentlich von mir, Herr Lehrer?"

30 „Ich dachte", sage ich langsam und blicke in seine runden Augen, „dass du es vielleicht ahnen wirst, wer jener fremde Junge war."

„Wieso?"

Ich wage es und lüge: „Weil ich es weiß, dass du immer spionierst."

35 „Ja", sagt er ruhig, „ich habe Verschiedenes beobachtet."

Jetzt lächelt er wieder.

Wusste er es, dass ich das Kästchen erbrochen hab?

Und ich frage: „Hast du das Tagebuch gelesen?"

Er fixiert mich: „Nein. Aber ich habe Sie, Herr Lehrer, beobachtet, wie Sie sich fortgeschlichen haben und dem Z und dem Mädel zugeschaut haben –"

5 Es wird mir kalt.

Er beobachtet mich.

„Sie haben mir damals ins Gesicht gelangt, denn ich stand hinter Ihnen. Sie sind furchtbar erschrocken, aber ich hab keine Angst, Herr Lehrer."

10 Er löffelt wieder ruhig sein Eis.

Und es fällt mir plötzlich auf, dass er sich an meiner Verwirrung gar nicht weidet. Er wirft nur manchmal einen lauernden Blick auf mich, als würde er etwas registrieren.

Komisch, ich muss an einen Jäger denken.

15 An einen Jäger, der kühl zielt und erst dann schießt, wenn er sicher trifft.

Der keine Lust dabei empfindet.

Aber warum jagt er denn dann?

Warum, warum?

20 „Hast du dich eigentlich mit dem N vertragen?"

„Ja, wir standen sehr gut."

Wie gerne möchte ich ihn nun fragen: Und warum hast du ihn denn dann erschlagen? Warum, warum?!

„Sie fragen mich, Herr Lehrer", sagt er plötzlich, „als hätte ich den

25 N erschlagen. Als wär ich der fremde Junge, wo Sie doch wissen, dass niemand weiß, wie der aussah, wenn es ihn überhaupt gegeben hat. Selbst das Mädel weiß ja nur, dass er Fischaugen gehabt hat –"

Und du?, denke ich.

30 „– und ich hab doch keine Fischaugen, sondern ich hab helle Rehaugen, meine Mama sagt's auch und überhaupt alle. Warum lächeln Sie, Herr Lehrer? Viel eher wie ich haben Sie Fischaugen –"

„Ich?!"

35 „Wissen Sie denn nicht, Herr Lehrer, was Sie in der Schule für einen Spitznamen haben? Haben Sie ihn nie gehört? Sie heißen der Fisch."

Er nickt mir lächelnd zu.

„Ja, Herr Lehrer, weil Sie nämlich immer so ein unbewegliches Gesicht haben. Man weiß nie, was Sie denken und ob Sie sich überhaupt um einen kümmern. Wir sagen immer, der Herr Leh-
5 rer beobachtet nur, da könnt zum Beispiel jemand auf der Straße überfahren worden sein, er würde nur beobachten, wie der Über-fahrene daliegt, nur damit er's genau weiß, und er tät nichts dabei empfinden, auch wenn der draufging –"

Er stockt plötzlich, als hätte er sich verplappert, und wirft einen
10 erschrockenen Blick auf mich, aber nur den Bruchteil einer Se-kunde lang.

Warum?

Aha, du hast den Haken schon im Maul gehabt, hast es dir aber wieder überlegt.

15 Du wolltest schon anbeißen, da merktest du die Schnur. Jetzt schwimmst du in dein Meer zurück.

Du hängst noch nicht, aber du hast dich verraten.

Warte nur, ich fange dich!

Er erhebt sich: „Ich muss jetzt heim, das Essen wartet, und wenn
20 ich zu spät komm, krieg ich einen Krach." Er bedankt sich für das Eis und geht.

Ich sehe ihm nach und höre das Mädchen schreien.

Fahnen

Als ich am nächsten Tage erwache, wusste ich, dass ich viel ge-träumt hatte. Ich wusste nur nicht mehr, was.
25 Es war ein Feiertag.

Man feierte den Geburtstag des Oberplebejers.

Die Stadt hing voller Fahnen und Transparente[1].

Durch die Straßen marschierten die Mädchen, die den verscholle-nen Flieger suchen, die Jungen, die alle Neger sterben lassen, und
30 die Eltern, die die Lügen glauben, die auf den Transparenten ste-hen. Und die sie nicht glauben, marschieren ebenfalls mit. Divi-

---

[1] Spruchbänder

sionen[1] der Charakterlosen unter dem Kommando von Idioten.
Im gleichen Schritt und Tritt.

Sie singen von einem Vögelchen, das auf einem Heldengrabe
zwitschert, von einem Soldaten, der im Gas erstickt, von den
schwarzbraunen Mädchen, die den zu Hause gebliebenen Dreck
fressen, und von einem Feinde, den es eigentlich gar nicht gibt.

So preisen die Schwachsinnigen und Lügner den Tag, an dem der
Oberplebejer geboren ward.

Und wie ich so denke, konstatierte ich mit einer gewissen Befrie-
digung, dass auch aus meinem Fenster ein Fähnchen flattert.

Ich hab es bereits gestern Abend hinausgehängt.

Wer mit Verbrechern und Narren zu tun hat, muss verbreche-
risch und närrisch handeln, sonst hört er auf. Mit Haut und
Haar.

Er muss sein Heim beflaggen, auch wenn er kein Heim mehr
hat.

Wenn kein Charakter mehr geduldet wird, sondern nur der Gehorsam, geht die Wahrheit, und die Lüge kommt.

Die Lüge, die Mutter aller Sünden.

Fahnen heraus!

Lieber Brot als tot! –

So dachte ich, als es mir plötzlich einfiel: Was denkst du da? Hast
du es denn vergessen, dass du vom Lehramt suspendiert bist? Du
hast doch keinen Meineid[2] geschworen und hast es gesagt, dass
du das Kästchen erbrochen hast. Häng nur deine Fahne hinaus,
huldige dem Oberplebejer, krieche im Staub vor dem Dreck und
lüge, was du kannst – es bleibt dabei! Du hast dein Brot verloren!
Vergiss es nicht, dass du mit einem höheren Herrn gesprochen
hast!

Du lebst noch im selben Haus, aber in einem höheren Stock.
Auf einer anderen Ebene, in einer anderen Wohnung. Merkst du
es denn nicht, dass dein Zimmer kleiner geworden ist? Auch die
Möbel, der Schrank, der Spiegel – Du kannst dich noch sehen im
Spiegel, er ist immer noch groß genug – gewiss, gewiss! Du bist

---

[1]   militärischer Großverband, hier im Sinne von: Heerscharen
[2]   falscher Eid

auch nur ein Mensch, der möchte, dass seine Krawatte richtig sitzt. Doch sieh mal zum Fenster hinaus!

Wie entfernt ist alles geworden! Wie winzig sind plötzlich die großen Gebieter und wie arm die reichen Plebejer! Wie lächerlich!

5 Wie verwaschen die Fahnen!

Kannst du die Transparente noch lesen?

Nein.

Hörst du noch das Radio?

Kaum.

10 Das Mädchen müsste gar nicht so schreien, damit sie es übertönt.

Sie schreit auch nicht mehr.

Sie weint nur leise.

Aber sie übertönt alles.

Einer von fünf

15 Ich putz mir gerade die Zähne, als meine Hausfrau erscheint.

„Es ist ein Schüler draußen, der Sie sprechen möcht."

„Einen Moment!"

Die Hausfrau geht, und ich ziehe meinen Morgenrock an.

Ein Schüler? Was will er?

20 Ich muss an den T denken.

Den Morgenrock hab ich zu Weihnachten bekommen. Von meinen Eltern. Sie sagten schon immer. „Du kannst doch nicht ohne Morgenrock leben!"

Er ist grün und lila.

25 Meine Eltern haben keinen Farbensinn.

Es klopft.

„Herein!"

Der Schüler tritt ein und verbeugt sich.

Ich erkenne ihn nicht sogleich – richtig, das ist der eine B!

30 Ich hatte fünf Bs in der Klasse, aber dieser B fiel mir am wenigsten auf. Was will er? Wie kommt es, dass er draußen nicht mitmarschiert?

„Herr Lehrer", beginnt er, „ich hab es mir lange überlegt, ob es vielleicht wichtig ist – ich glaube, ich muss es sagen."

„Was?"

„Es hat mir keine Ruh gelassen, die Sache mit dem Kompass."

5 „Kompass?"

„Ja, ich hab es nämlich in der Zeitung gelesen, dass bei dem toten N ein Kompass gefunden worden ist, von dem niemand weiß, wem er gehört –"

„Na und?"

10 „Ich weiß, wer den Kompass verloren hat."

„Wer?"

„Der T."

Der T?!, durchzuckt es mich.

Schwimmst du wieder heran?

15 Tauchst dein Kopf aus den finsteren Wassern auf – siehst du das Netz?

Er schwimmt, er schwimmt –

„Woher weißt du es, dass der Kompass dem T gehört?", frage ich den B und befleißige mich, gleichgültig zu scheinen.

20 „Weil er ihn überall gesucht hat, wir schliefen nämlich im selben Zelt."

„Du willst doch nicht sagen, dass der T mit dem Mord irgendwas zu tun hat?"

Er schweigt und blickt in die Ecke.

25 Ja, er will es sagen.

„Du traust das dem T zu?"

Er sieht mich groß an, fast erstaunt.

„Ich traue jedem alles zu", sagt er.

„Aber doch nicht einen Mord!"

30 „Warum nicht?"

Er lächelt – nein, nicht spöttisch. Eher traurig.

„Aber warum hätte denn der T den N ermorden sollen, warum? Es fehlt doch jedes Motiv!"

„Der T sagte immer, der N sei sehr dumm."

35 „Aber das wär doch noch kein Grund!"

„Das noch nicht. Aber wissen Sie, Herr Lehrer, der T ist entsetzlich wissbegierig, immer möcht er alles genau wissen, wie es wirklich ist, und er hat mir mal gesagt, er möcht es gern sehen, wie einer stirbt."

„Was?!"

„Ja, er möcht es sehen, wie das vor sich geht – er hat auch immer davon fantasiert, dass er mal zuschauen möcht, wenn ein Kind auf die Welt kommt."

Ich trete ans Fenster, ich kann momentan nichts reden. Draußen marschieren sie noch immer, die Eltern und die Kinder.

Und es fällt mir plötzlich wieder auf, wieso dieser B hier bei mir ist.

„Warum marschierst du eigentlich nicht mit?", frage ich ihn. „Das ist doch deine Pflicht!"

Er grinst. „Ich habe mich krank gemeldet."

Unsere Blicke treffen sich. Verstehen wir uns?

„Ich verrate dich nicht", sage ich.

„Das weiß ich", sagt er.

Was weißt du?, denke ich.

„Ich mag nicht mehr marschieren und das Herumkommandiert-werden kann ich auch nicht mehr ausstehen, da schreit dich ein jeder an, nur weil er zwei Jahre älter ist! Und dann die faden Ansprachen, immer dasselbe, lauter Blödsinn!"

Ich muss lächeln.

„Hoffentlich bist du der Einzige in der Klasse, der so denkt!"

„Oh nein! Wir sind schon zu viert!"

Zu viert? Schon?

Und seit wann?

„Erinnern Sie sich, Herr Lehrer, wie Sie damals die Sache über die Neger gesagt haben, noch im Frühjahr vor unserem Zeltlager? Damals haben wir doch alle unterschrieben, dass wir Sie nicht mehr haben wollen – aber ich tat's nur unter Druck, denn Sie haben natürlich sehr recht gehabt mit den Negern. Und dann allmählich fand ich noch drei, die auch so dachten."

„Wer sind denn die drei?"

„Das darf ich nicht sagen. Das verbieten mir unsere Satzungen."

„Satzungen?"

„Ja, wir haben nämlich einen Klub gegründet. Jetzt sind noch zwei dazugekommen, aber das sind keine Schüler. Der eine ist ein Bäckerlehrling und der andere ein Laufbursch."

„Einen Klub?"

5 „Wir kommen wöchentlich zusammen und lesen alles, was verboten ist."

„Aha!"

Wie sagte Julius Caesar?

Sie lesen heimlich alles, aber nur, um es verspotten zu können.

10 Ihr Ideal ist der Hohn, es kommen kalte Zeiten.

Und ich frage den B:

„Und dann sitzt ihr beieinander in eurem Klub und spöttelt über alles, was?"

„Oho! Spötteln ist bei uns streng verboten nach Paragraf drei! Es

15 gibt schon solche, die immer nur alles verhöhnen, zum Beispiel der T, aber wir sind nicht so, wir kommen zusammen und besprechen dann alles, was wir gelesen haben."

„Und?"

„Und dann reden wir halt, wie es sein sollte auf der Welt."

20 Ich horche auf.

Wie es sein sollte?

Ich sehe den B an und es fällt mir der Z ein.

Er sagt zum Präsidenten: „Der Herr Lehrer sagt immer nur, wie es auf der Welt sein sollte, und nie, wie es wirklich ist."

25 Und ich sehe den T.

Was sagte Eva in der Verhandlung?

„Der N fiel hin. Der fremde Junge beugte sich über den N und betrachtete ihn. Dann schleifte er ihn in den Graben."

Und was sagte vorhin der B?

30 „Der T möchte immer nur wissen, wie es wirklich ist."

Warum?

Nur um alles verhöhnen zu können?

Ja, es kommen kalte Zeiten. –

„Ihnen, Herr Lehrer", höre ich wieder die Stimme des B, „kann

35 man ja ruhig alles sagen. Drum komme ich jetzt auch mit meinem Verdacht zu Ihnen, um es mit Ihnen zu beraten, was man tun soll."

„Warum gerade mit mir?"
„Wir haben es gestern im Klub alle gesagt, als wir Ihre Zeugenaussage mit dem Kästchen in der Zeitung gelesen haben, dass Sie der
einzige Erwachsene sind, den wir kennen, der die Wahrheit liebt."

Der Klub greift ein

5 Heute gehe ich mit dem B zum zuständigen Untersuchungsrichter. Gestern war nämlich sein Büro wegen des Staatsfeiertages
geschlossen.
Ich erzähle dem Untersuchungsrichter, dass es der B möglicher-
weise wüsste, wem jener verlorene Kompass gehört – doch er un-
10 terbricht mich höflich, die Sache mit dem Kompass hätte sich
bereits geklärt. Es wäre einwandfrei festgestellt worden, dass der
Kompass dem Bürgermeister des Dorfes, in dessen Nähe wir unser Zeltlager hatten, gestohlen worden war. Wahrscheinlich hätte
ihn das Mädchen verloren, und wenn nicht sie, dann eben einer
15 von ihrer Bande, vielleicht auch schon bei einer früheren Gelegenheit, als er mal an dem damals noch zukünftigen Tatort zufällig vorbeigegangen wäre, denn der Tatort wäre ja in der Nähe der
Rauberhöhle gelegen. Der Kompass spiele keine Rolle mehr.
Wir verabschieden uns also wieder, und der B schneidet ein ent-
20 täuschtes Gesicht.
Er spielt keine Rolle mehr?, denke ich. Hm, ohne diesen Kompass
wäre doch dieser B niemals zu mir gekommen.
Es fällt mir auf, dass ich anders denke als früher.
Ich erwarte überall Zusammenhänge.
25 Alles spielt keine Rolle.
Ich fühle ein unbegreifliches Gesetz. –
Auf der Treppe begegnen wir dem Verteidiger.
Er begrüßt mich lebhaft.
„Ich wollte Ihnen bereits schriftlich danken", sagt er, „denn nur
30 durch Ihre schonungslose und unerschrockene Aussage wurde es
mir möglich gemacht, diese Tragödie zu klären!"
Er erwähnt noch kurz, dass der Z von seiner Verliebtheit bereits
radikal kuriert sei und dass das Mädchen hysterische Krämpfe

bekommen hätte und nun im Gefängnisspital[1] liege. „Armer Wurm!", fügt er noch rasch hinzu und eilt davon, um neue Tragödien zu klären.

Ich sehe ihm nach.

5 „Das Mädel tut mir leid", höre ich plötzlich die Stimme des B.

„Mir auch."

Wir steigen die Treppen hinab.

„Man müsste ihr helfen", sagt der B.

„Ja", sage ich und denke an ihre Augen.

10 Und an die stillen Seen in den Wäldern meiner Heimat. Sie liegt im Spital.

Und auch jetzt ziehen die Wolken über sie hin, die Wolken mit den silbernen Rändern.

Nickte sie mir nicht zu, bevor sie die Wahrheit sprach? Und was

15 sagte der T? Sie ist die Mörderin, sie will sich nur herauslügen –

Ich hasse den T.

Plötzlich halte ich.

„Ist es wahr", frage ich den B, „dass ich bei euch den Spitznamen hab: der Fisch?"

20 „Aber nein! Das sagt nur der T – Sie haben einen ganz anderen!"

„Welchen?"

„Sie heißen: der Neger."

Er lacht und ich lach mit.

Wir steigen weiter hinab.

25 Auf einmal wird er wieder ernst.

„Herr Lehrer", sagt er, „glauben Sie nicht auch, dass es der T war, auch wenn ihm der verlorene Kompass nicht gehört?"

Ich halte wieder.

Was soll ich sagen?

30 Soll ich sagen: möglich, vielleicht, unter Umständen –?

Und ich sage:

„Ja. Ich glaube auch, dass er es war."

Die Augen des B leuchten.

„Er war es auch", ruft er begeistert, „und wir werden ihn fan-

35 gen!"

---

[1] Gefängniskrankenhaus

„Hoffentlich!"

„Ich werde im Klub einen Beschluss durchdrücken, dass der Klub dem Mädel helfen soll! Nach Paragraf sieben sind wir ja nicht nur dazu da, um Bücher zu lesen, sondern auch, um danach zu le-
5 ben."

Und ich frage ihn: „Was ist denn euer Leitsatz?"

„Für Wahrheit und Gerechtigkeit!"

Er ist ganz außer sich vor Tatendrang.

Der Klub wird den T beobachten, auf Schritt und Tritt, Tag und
10 Nacht, und wird mir jeden Tag Bericht erstatten.

„Schön", sage ich und muss lächeln.

Auch in meiner Kindheit spielten wir Indianer.

Aber jetzt ist der Urwald anders.

Jetzt ist er wirklich da.

Zwei Briefe

15 Am nächsten Morgen bekomme ich einen entsetzten Brief von meinen Eltern. Sie sind ganz außer sich, dass ich meinen Beruf verlor. Ob ich denn nicht an sie gedacht hätte, als ich ganz überflüssig die Sache mit dem Kästchen erzählte, und warum ich sie denn überhaupt erzählt hätte?!

20 Ja, ich habe an euch gedacht. Auch an euch.

Beruhigt euch nur, wir werden schon nicht verhungern!

„Wir haben die ganze Nacht nicht geschlafen", schreibt meine Mutter, „und haben über Dich nachgedacht."

So?

25 „Mit was haben wir das verdient?", fragt mein Vater. Er ist ein pensionierter Werkmeister[1] und ich muss jetzt an Gott denken.

Ich glaube, er wohnt noch immer nicht bei ihnen, obwohl sie jeden Sonntag in die Kirche gehen.

Ich setze mich und schreibe meinen Eltern.

30 „Liebe Eltern! Macht Euch keine Sorgen, Gott wird schon helfen" –

Ich stocke. Warum?

---

[1] Industriemeister, technische Führungskraft

Sie wussten es, dass ich nicht an ihn glaubte, und jetzt werden sie denken: Schau, jetzt schreibt er von Gott, weil es ihm schlecht geht!

Aber das soll niemand denken!

5 Nein, ich schäme mich –

Ich zerreiße den Brief.

Ja, ich bin noch stolz!

Und den ganzen Tag über will ich meinen Eltern schreiben.

Aber ich tu es nicht.

10 Immer wieder fange ich an, aber ich bringe es nicht über das Herz, das Wort Gott niederzuschreiben.

Der Abend kommt, und ich bekomme plötzlich wieder Angst vor meiner Wohnung.

Sie ist so leer.

15 Ich gehe fort.

Ins Kino?

Nein.

Ich gehe in die Bar, die nicht teuer ist.

Dort treffe ich Julius Caesar, es ist sein Stammlokal.

20 Er freut sich ehrlich, mich zu sehen.

„Es war anständig von Ihnen, das mit dem Kästchen zu sagen, hochanständig! Ich hätt's nicht gesagt! Respekt, Respekt!"

Wir trinken und sprechen über den Prozess.

Ich erzähle vom Fisch –

25 Er hört mir aufmerksam zu.

„Natürlich ist der Fisch derjenige", meint er. Und dann lächelt er: „Wenn ich Ihnen behilflich sein kann, ihn zu fangen, stehe ich Ihnen gerne zur Verfügung, denn auch ich habe meine Verbindungen –"

30 Ja, die hat er allerdings.

Immer wieder wird unser Gespräch gestört. Ich sehe, dass Julius Caesar ehrfürchtig gegrüßt wird, viele kommen zu ihm und holen sich Rat, denn er ist ein wissender und weiser Mann.

Es ist alles Unkraut.

35 Ave Caesar, morituri te salutant![1]

---

[1] Gladiatorengruß („Heil dir, Cäsar, die Todgeweihten grüßen dich!")

Und in mir erwacht plötzlich die Sehnsucht nach der Verkommenheit. Wie gerne möchte ich auch einen Totenkopf als Krawattennadel haben, den man illuminieren kann!

„Passen Sie auf Ihren Brief auf!", ruft mir Caesar zu. „Er fällt Ihnen aus der Tasche!"

Ach so, der Brief!

Caesar erklärt gerade einem Fräulein die neuen Paragrafen des Gesetzes für öffentliche Sittlichkeit.

Ich denke an Eva.

Wie wird sie aussehen, wenn sie so alt sein wird wie dieses Fräulein?

Wer kann ihr helfen?

Ich setze mich an einen anderen Tisch und schreibe meinen Eltern.

„Macht Euch keine Sorgen, Gott wird schon helfen!" Und ich zerreiße den Brief nicht wieder.

Oder schrieb ich ihn nur, weil ich getrunken habe?

Egal!

Herbst

Am nächsten Tag überreicht mir meine Hausfrau ein Kuvert, ein Laufbursche hätte es abgegeben.

Es ist ein blaues Kuvert, ich erbreche es und muss lächeln.

Die Überschrift lautet:

„Erster Bericht des Klubs."

Und dann steht da:

„Nichts Besonderes vermerkt."

Jaja, der brave Klub! Er kämpft für Wahrheit und Gerechtigkeit, kann aber nichts Besonderes vermerken!

Auch ich vermerke nichts.

Was soll man nur tun, damit sie nicht verurteilt wird?

Immer denke ich an sie –

Liebe ich denn das Mädel?

Ich weiß es nicht.

Ich weiß nur, dass ich ihr helfen möchte –

Ich hatte viele Weiber, denn ich bin kein Heiliger und die Weiber sind auch keine Heiligen.

Aber nun liebe ich anders.

Bin ich denn nicht mehr jung?

5 Ist es das Alter?

Unsinn! Es ist doch noch Sommer.

Und ich bekomme jeden Tag ein blaues Kuvert: zweiter, dritter, vierter Bericht des Klubs.

Es wird nichts Besonderes vermerkt.

10 Und die Tage vergehen –

Die Äpfel sind schon reif und nachts kommen die Nebel.

Das Vieh kehrt heim, das Feld ist kahl –

Ja, es ist noch Sommer, aber man wartet schon auf den Schnee.

Ich möchte ihr helfen, damit sie nicht friert.

15 Ich möchte ihr einen Mantel kaufen, Schuhe und Wäsche.

Sie braucht es nicht vor mir auszuziehen –

Ich möchte nur wissen, ob der Schnee kommen kann.

Noch ist alles grün.

Aber sie muss nicht bei mir sein.

20 Wenn's ihr nur gut geht.

Besuch

Heute Vormittag bekam ich Besuch. Ich habe ihn nicht sogleich wiedererkannt, es war der Pfarrer, mit dem ich mich mal über die Ideale der Menschheit unterhalten hatte.

Er trat ein und trug Zivil[1], dunkelgraue Hose und einen blauen
25 Rock. Ich stutzte. Ist er weggelaufen?

„Sie wundern sich", lächelt er, „dass ich Zivil trage, aber das trage ich meistens, denn ich stehe zu einer besonderen Verfügung – kurz und gut: Meine Strafzeit ist vorbei, doch reden wir mal von Ihnen! Ich habe Ihre tapfere Aussage in den Zeitungen gelesen
30 und wäre schon früher erschienen, aber ich musste mir erst Ihre Adresse beschaffen. Übrigens: Sie haben sich stark verändert, ich

---

[1] bürgerliche Kleidung im Unterschied zum kirchlichen Gewand

weiß nicht, wieso, aber irgendwas ist anders geworden. Richtig, Sie sehen viel heiterer aus!"

„Heiterer?"

„Ja. Sie dürfen auch froh sein, dass Sie das mit dem Kästchen gesagt haben, auch wenn Sie jetzt die halbe Welt verleumdet[1]. Ich habe oft an Sie gedacht, obwohl oder weil Sie mir damals sagten, Sie glaubten nicht an Gott. Inzwischen werden Sie ja wohl angefangen haben, etwas anders über Gott zu denken –"

Was will er?, denke ich und betrachte ihn misstrauisch.

„Ich hätte Ihnen etwas Wichtiges mitzuteilen, aber zunächst beantworten Sie mir, bitte, zwei Fragen. Also erstens: Sie sind sich wohl im Klaren darüber, dass Sie, selbst wenn die Staatsanwaltschaft das Verfahren gegen Sie niederschlagen sollte, nie wieder an irgendeiner Schule dieses Landes unterrichten werden?"

„Ja, darüber war ich mir schon im Klaren, bevor ich die Aussage machte."

„Das freut mich! Und nun zweitens: Wovon wollen Sie jetzt leben? Ich nehme an, dass Sie keine Sägewerksaktien besitzen, da Sie sich ja damals so heftig für die Heimarbeiter einsetzten, für die Kinder in den Fenstern – erinnern Sie sich?"

Ach, die Kinder in den Fenstern! Die hatte ich ja ganz vergessen! Und das Sägewerk, das nicht mehr sägt –

Wie weit liegt das alles zurück!

Wie in einem anderen Leben –

Und ich sage: „Ich habe nichts. Und ich muss auch meine Eltern unterstützen."

Er sieht mich groß an und sagt dann nach einer kleinen Pause: „Ich hätte eine Stellung für Sie."

„Was?! Eine Stellung?!"

„Ja, aber in einem anderen Land."

„Wo?"

„In Afrika."

„Bei den Negern?" Es fällt mir ein, dass ich „der Neger" heiße, und ich muss lachen.

Er bleibt ernst.

---

[1] übel nachreden

„Warum finden Sie das so komisch? Neger sind auch nur Menschen!"

Wem erzählen Sie das?, möchte ich ihn fragen, aber ich sage nichts dergleichen, sondern höre es mir an, was er mir vorschlägt:

5 Ich könnte Lehrer werden, und zwar in einer Missionsschule.

„Ich soll in einen Orden eintreten?"

„Das ist nicht notwendig."

Ich überlege. Heute glaube ich an Gott, aber ich glaube nicht daran, dass die Weißen die Neger beglücken, denn sie bringen ihnen

10 Gott als schmutziges Geschäft.

Und ich sage es ihm.

Er bleibt ganz ruhig.

„Das hängt lediglich von Ihnen ab, ob Sie Ihre Sendung[1] missbrauchen, um schmutzige Geschäfte machen zu können."

15 Ich horche auf.

Sendung?

„Jeder Mensch hat eine Sendung", sagt er.

Richtig!

Ich muss einen Fisch fangen.

20 Und ich sage dem Pfarrer, ich werde nach Afrika fahren, aber nur dann, wenn ich das Mädchen befreit haben werde.

Er hört mir aufmerksam zu.

Dann sagt er:

„Wenn Sie glauben zu wissen, dass der fremde Junge es tat, dann

25 müssen Sie es seiner Mutter sagen. Die Mutter muss alles hören. Gehen Sie gleich zu ihr hin" –

Die Endstation

Ich fahre zur Mutter des T.

Der Pedell[2] im Gymnasium gab mir die Adresse. Er verhielt sich sehr reserviert, denn ich hätte ja das Haus nicht betreten dürfen.

30 Ich werde es nie mehr betreten, ich fahre nach Afrika.

Jetzt sitze ich in der Straßenbahn.

---

[1] Auftrag
[2] Hausmeister

Ich muss bis zur Endstation.

Die schönen Häuser hören allmählich auf und dann kommen die hässlichen. Wir fahren durch arme Straßen und erreichen das vornehme Villenviertel.

5 „Endstation!", ruft der Schaffner. „Alles aussteigen!"

Ich bin der einzige Fahrgast.

Die Luft ist hier bedeutend besser als dort, wo ich wohne.

Wo ist Nummer dreiundzwanzig?

Die Gärten sind gepflegt. Hier gibt's keine Gartenzwerge.

10 Kein ruhendes Reh und keinen Pilz.

Endlich hab ich dreiundzwanzig.

Das Tor ist hoch und das Haus ist nicht zu sehen, denn der Park ist groß.

Ich läute und warte.

15 Der Pförtner erscheint, ein alter Mann. Er öffnet das Gitter nicht.

„Sie wünschen?"

„Ich möchte Frau T sprechen."

„In welcher Angelegenheit?"

„Ich bin der Lehrer ihres Sohnes."

20 „Sofort!"

Er öffnet das Gitter.

Wir gehen durch den Park.

Hinter einer schwarzen Tanne erblicke ich das Haus.

Fast ein Palast.

25 Ein Diener erwartet uns bereits und der Pförtner übergibt mich dem Diener: „Der Herr möchte die gnädige Frau sprechen, er ist der Lehrer des jungen Herrn."

Der Diener verbeugt sich leicht.

„Das dürfte leider seine Schwierigkeiten haben", meint er höflich,

30 „denn gnädige Frau haben soeben Besuch."

„Ich muss sie aber dringend sprechen in einer sehr wichtigen Angelegenheit!"

„Könnten Sie sich nicht für morgen anmelden?"

„Nein. Es dreht sich um ihren Sohn."

35 Er lächelt und macht eine winzige wegwerfende Geste.

„Auch für ihren Sohn haben gnädige Frau häufig keine Zeit. Auch der junge Herr muss sich meist anmelden lassen."

„Hören Sie", sage ich und schaue ihn böse an, „melden Sie mich sofort oder Sie tragen die Verantwortung!"

Er starrt mich einen Augenblick entgeistert an, dann verbeugt er sich wieder leicht: „Gut, versuchen wir es mal. Darf ich bitten!
5 Verzeihung, dass ich vorausgehe!"

Ich betrete das Haus.

Wir gehen durch einen herrlichen Raum und dann eine Treppe empor in den ersten Stock.

Eine Dame kommt die Treppen herab, der Diener grüßt und sie
10 lächelt ihn an. Und auch mich.

Die kenne ich doch? Wer ist denn das?

Wir steigen weiter empor.

„Das war die Filmschauspielerin X", flüstert mir der Diener zu.

Ach ja, richtig!
15 Die hab ich erst unlängst gesehen. Als Fabrikarbeiterin, die den Fabrikdirektor heiratet.

Sie ist die Freundin des Oberplebejers.

Dichtung und Wahrheit!

„Sie ist eine göttliche Künstlerin", stellt der Diener fest, und nun
20 erreichen wir den ersten Stock.

Eine Tür ist offen, und ich höre Frauen lachen. Sie müssen im dritten Zimmer sitzen, denke ich. Sie trinken Tee.

Der Diener führt mich links in einen kleinen Salon und bittet, Platz zu nehmen, er würde alles versuchen, bei der ersten pas-
25 senden Gelegenheit.

Dann schließt er die Türe, ich bleibe allein und warte. Es ist noch früh am Nachmittag, aber die Tage werden kürzer.

An den Wänden hängen alte Stiche. Jupiter und Jo[1]. Amor und Psyche[2]. Marie Antoinette[3].
30 Es ist ein rosa Salon mit viel Gold.

Ich sitze auf einem Stuhl und sehe die Stühle um den Tisch herum stehen. Wie alt seid ihr? Bald zweihundert Jahre – Wer saß schon alles auf euch?

---

[1] Liebespaar aus der antiken Mythologie
[2] Liebespaar aus der antiken Mythologie
[3] Königin von Frankreich (1755–1793)

Leute, die sagten: Morgen sind wir bei Marie Antoinette zum Tee.

Leute, die sagten: Morgen gehen wir zur Hinrichtung der Marie Antoinette.

Wo ist jetzt Eva?

5 Hoffentlich noch im Spital, dort hat sie wenigstens ein Bett.

Hoffentlich ist sie noch krank.

Ich trete ans Fenster und schaue hinaus.

Die schwarze Tanne wird immer schwärzer, denn es dämmert bereits.

10 Ich warte.

Endlich öffnet sich langsam die Türe.

Ich drehe mich um, denn nun kommt die Mutter des T.

Wie sieht sie aus?

Ich bin überrascht.

15 Es steht nicht die Mutter vor mir, sondern der T. Er selbst.

Er grüßt höflich und sagt:

„Meine Mutter ließ mich rufen, als sie hörte, dass Sie da sind, Herr Lehrer. Sie hat leider keine Zeit."

„So? Und wann hat sie denn Zeit?"

20 Er zuckt müde die Achsel: „Das weiß ich nicht. Sie hat eigentlich nie Zeit."

Ich betrachte den Fisch.

Seine Mutter hat keine Zeit. Was hat sie denn zu tun? Sie denkt nur an sich.

25 Und ich muss an den Pfarrer denken und an die Ideale der Menschheit.

Ist es wahr, dass die Reichen immer siegen?

Wird der Wein nicht zu Wasser?

Und ich sage zum T: „Wenn deine Mutter immer zu tun hat, dann

30 kann ich vielleicht mal deinen Vater sprechen?"

„Vater? Aber der ist doch nie zu Haus! Er ist immer unterwegs, ich seh ihn kaum. Er leitet ja einen Konzern."

Einen Konzern?

Ich sehe ein Sägewerk, das nicht mehr sägt.

35 Die Kinder sitzen in den Fenstern und bemalen die Puppen. Sie sparen das Licht, denn sie haben kein Licht.

Und Gott geht durch alle Gassen.

Er sieht die Kinder und das Sägewerk.

Und er kommt.

Er steht draußen vor dem hohen Tore.

Der alte Pförtner lässt ihn nicht ein.

5 „Sie wünschen?"

„Ich möchte die Eltern T sprechen."

„In welcher Angelegenheit?"

„Sie wissen es schon."

Ja, sie wissen es schon, aber sie erwarten ihn nicht. –

10 „Was wollen Sie eigentlich von meinen Eltern?", höre ich plötzlich die Stimme des T.

Ich blicke ihn an.

Jetzt wird er lächeln, denke ich.

Aber er lächelt nicht mehr. Er schaut nur.

15 Ahnt er, dass er gefangen wird?

Seine Augen haben plötzlich Glanz.

Die Schimmer des Entsetzens.

Und ich sage: „Ich wollte mit deinen Eltern über dich sprechen, aber leider haben sie keine Zeit."

20 „Über mich?"

Er grinst.

Ganz leer.

Da steht der Wissbegierige, wie ein Idiot.

Jetzt scheint er zu lauschen.

25 Was fliegt um ihn?

Was hört er?

Die Flügel der Verblödung?

Ich eile davon.

Der Köder

Zu Hause liegt wieder ein blaues Kuvert. Aha, der Klub!

30 Sie werden wieder nichts vermerkt haben – Ich öffne und lese: „Achter Bericht des Klubs. Gestern Nachmittag war der T im Kristall-Kino. Als er das Kino verließ, sprach er mit einer eleganten Dame, die er drinnen getroffen haben musste. Er ging dann mit

der Dame in die Y-Straße Nummer 67. Nach einer halben Stunde
erschien er mit ihr wieder im Haustor und verabschiedete sich
von ihr. Er ging nach Hause. Die Dame sah ihm nach, schnitt eine
Grimasse und spuckte ostentativ[1] aus. Es ist möglich, dass es kei-
5 ne Dame war. Sie war groß und blond, hatte einen dunkelgrünen
Mantel und einen roten Hut. Sonst wurde nichts vermerkt."
Ich muss grinen.
Ach, der T wird galant – aber das interessiert mich nicht. Warum
schnitt sie eine Grimasse?
10 Natürlich war sie keine Dame, doch warum spuckte sie ostentativ
aus?
Ich geh mal hin und frage sie.
Denn ich will jetzt jede Spur verfolgen, jede winzigste, unsinnigs-
te –
15 Wenn er nicht anbeißt, wird man ihn wohl mit einem Netz fangen müssen, mit einem Netz aus feinsten Maschen, durch die er
nicht schlüpfen kann.
Ich gehe in die Y-Straße 67 und frage die Hausmeisterin nach einer blonden Dame –
20 Sie unterbricht mich sofort: „Das Fräulein Nelly wohnt Tür siebzehn."
In dem Hause wohnen kleine Leute, brave Bürger. Und ein Fräulein Nelly.
Ich läute an Tür siebzehn.
25 Eine Blondine öffnet und sagt: „Servus. Komm nur herein!"
Ich kenne sie nicht.
Im Vorzimmer hängt der dunkelgrüne Mantel, auf dem Tisch-
chen liegt der rote Hut. Sie ist es.
Jetzt wird sie böse werden, dass ich nur wegen einer Auskunft
30 komme. Ich verspreche ihr also ihr Honorar, wenn sie mir antwortet. Sie wird nicht böse, sondern misstrauisch. Nein, ich bin
kein Polizist, versuche ich zu beruhigen, ich möchte ja nur wissen, warum sie gestern hinter dem Jungen her ausgespuckt hat?
„Zuerst das Geld", antwortet sie.
35 Ich gebe es ihr.

---

[1] betont, nachdrücklich

Sie macht sich's auf dem Sofa bequem und bietet mir eine Zigarette an.

Wir rauchen.

„Ich rede nicht gern darüber", sagt sie.

5 Sie schweigt noch immer.

Plötzlich legt sie los: „Warum ich ausgespuckt hab, ist bald erklärt:
Es war eben einfach zu ekelhaft! Widerlich!"

Sie schüttelt sich.

„Wieso?"

10 „Stellen Sie sich vor, er hat dabei gelacht!"

„Gelacht?"

„Es ist mir ganz kalt heruntergelaufen und dann bin ich so wild
geworden, dass ich ihm eine Ohrfeige gegeben hab! Da ist er
gleich vor den Spiegel gerannt und hat gesagt: Es ist nicht rot!

15 Immer hat er nur beobachtet, beobachtet! Wenn's nach mir ging,
würd ich ja diesen Kerl nie mehr anrühren, aber leider werde ich
nochmal das Vergnügen haben müssen –"

„Nochmal? Wer zwingt Sie denn dazu?"

„Zwingen lass ich mich nie, nicht die Nelly! Aber ich erweise da-

20 mit jemand einen freiwilligen Gefallen, wenn ich mich mit dem
Ekel noch einmal einlass – ich muss sogar so tun, als wär ich in
ihn verliebt!"

„Sie erweisen damit jemandem einen Gefallen?"

„Ja, weil ich eben diesem Jemand auch sehr zu Dank verpflichtet

25 bin."

„Wer ist das?"

„Nein, das darf ich nicht sagen! Das sagt die Nelly nicht! Ein fremder Herr."

„Aber was will denn dieser fremde Herr?"

30 Sie sieht mich groß an und sagt dann langsam:

„Er will einen Fisch fangen."

Ich schnelle empor und schreie: „Was?! Einen Fisch?!"

Sie erschrickt sehr.

„Was ist Ihnen?", fragt sie und drückt rasch ihre Zigarette aus.

35 „Nein-nein, jetzt spricht die Nelly kein Wort mehr! Mir scheint,
Sie sind ein Verrückter! Gehen wir, gehen wir! Pa, adieu!"

Ich gehe und torkle fast, ganz wirr im Kopf.

Wer fängt den Fisch?
Was ist los?
Wer ist dieser fremde Herr?

Im Netz

Als ich nach Hause komme, empfängt mich meine Hausfrau be-
sorgt. „Es ist ein fremder Herr hier", sagt sie, „er wartet auf Sie
schon seit einer halben Stunde und ich hab Angst, etwas an ihm
stimmt nämlich nicht.
Er sitzt im Salon."
Ein fremder Herr?
Ich betrete den Salon.
Es ist Abend geworden und er sitzt im Dunklen.
Ich mache Licht.
Ach, Julius Caesar!
„Endlich!", sagt er und illuminiert seinen Totenkopf.
„Jetzt spitzen Sie aber Ihre Ohren, Kollega!"
„Was gibt's denn?"
„Ich habe den Fisch."
„Was?!"
„Ja. Er schwimmt schon um den Köder herum, immer näher –
heut Nacht beißt er an! Kommen Sie, wir müssen rasch hin, der
Apparat ist schon dort, höchste Zeit!"
„Was für ein Apparat?"
„Werd Ihnen alles erklären!"
Wir gehen rasch fort.
„Wohin?"
„In die Lilie!"
„In wohin?"
„Wie sag ich's meinem Kinde? Die Lilie ist ein ordinäres Ani-
mierlokal[1]!"
Er geht sehr rasch und es beginnt zu regnen.
„Regen ist gut", sagt er, „bei Regen beißen sie eher an."

---

[1] Nachtlokal

Er lacht.

„Hören Sie", schreie ich ihn an, „was haben Sie vor!"

„Ich erzähl alles, sowie wir sitzen! Kommen Sie, wir werden nass!"

5 „Aber wie kommen Sie dazu, den Fisch zu fangen und mir nichts zu sagen?!"

„Ich wollte Sie überraschen, lassen Sie mir die Freud!"

Plötzlich bleibt er stehen, obwohl es jetzt stark regnet und er große Eile hat.

10 Er sieht mich sonderbar an und sagt dann langsam:

„Sie fragen", und mir ist's, als betone er jedes Wort, „Sie fragen mich, warum ich den Fisch fange? Sie haben mir doch davon erzählt, vor ein paar Tagen – erinnern Sie sich? Sie haben sich dann an einen anderen Tisch gesetzt und es fiel mir plötzlich auf, wie

15 traurig Sie sind wegen dem Mädel, und da war es mir so, dass ich Ihnen helfen muss. Erinnern Sie sich, wie Sie dort an dem Tisch gesessen sind – ich glaube, Sie schrieben einen Brief."

Einen Brief?!

Ja, richtig! Den Brief an meine Eltern!

20 Als ich es endlich über mich brachte: „Gott wird schon helfen" –

Ich wanke.

„Was ist Ihnen? Sie sind ja ganz blass?", höre ich Caesars Stimme.

„Nichts, nichts!"

25 „Höchste Zeit, dass Sie einen Schnaps bekommen!"

Vielleicht!

Es regnet und das Wasser wird immer mehr.

Mich schaudert.

Einen winzigen Augenblick lang sah ich das Netz.

Der N

30 Die Lilie ist kaum zu finden, so finster ist die ganze Umgebung.

Drinnen ist es nicht viel heller.

Aber wärmer und es regnet wenigstens nicht herein.

„Die Damen sind schon da", empfängt uns die Besitzerin und deutet auf die dritte Loge[1].

„Bravo!", sagt Caesar und wendet sich zu mir: „Die Damen sind nämlich meine Köder. Die Regenwürmer, gewissermaßen."

5 In der dritten Loge sitzt das Fräulein Nelly mit einer dicken Kellnerin.

Nelly erkennt mich sogleich, schweigt jedoch aus Gewohnheit.

Sie lächelt nur sauer.

Caesar hält perplex[2].

10 „Wo ist der Fisch?", fragt er hastig.

„Er ist nicht erschienen", sagt die Dicke. Es klingt so traurig monoton.

„Er hat mich sitzen lassen", meint Nelly und lächelt süß.

„Zwei Stunden hat sie vor dem Kino gewartet", nickt die Dicke

15 resigniert.

„Zweieinhalb", korrigiert Nelly und lächelt plötzlich nicht mehr.

„Ich bin froh, dass das Ekel nicht gekommen ist."

„Na sowas", meint Caesar und stellt mich den Damen vor: „Ein ehemaliger Kollege."

20 Die Dicke mustert mich, und das Fräulein Nelly blickt in die Luft.

Sie richtet ihren Büstenhalter.

Wir setzen uns.

Der Schnaps brennt und wärmt.

Wir sind die einzigen Gäste.

25 Die Besitzerin setzt sich die Brille auf und liest die Zeitung. Sie beugt sich über die Bar und es sieht aus, als würde sie sich die Ohren zuhalten.

Sie weiß von nichts und möchte auch von nichts wissen. Wieso sind die beiden Damen Regenwürmer?

30 „Was geht hier eigentlich vor sich?", frage ich Caesar.

Er beugt sich ganz nahe zu mir: „Ich wollte Sie ursprünglich eigentlich vorher gar nicht einweihen, verehrter Kollega, denn es ist und bleibt eine ordinäre Geschichte und Sie sollten nichts damit zu tun haben, aber dann dachte ich, es könnt vielleicht doch nichts

---

[1] räumlich abgetrennter Bereich
[2] verblüfft, verwirrt

schaden, wenn wir noch einen Zeugen hätten. Wir drei, die bei-
den Damen und ich, wollten nämlich die Tat rekonstruieren."
„Rekonstruieren?!"[1]
„Gewissermaßen."
5 „Aber wieso denn?!"
„Wir wollten, dass der Fisch den Mord wiederholt."
„Wiederholt?!"
„Ja. Und zwar nach einem altbewährten genialen Plan. Ich wollte
nämlich die ganze Affäre in einem Bett rekonstruieren."
10 „In einem Bett?!"
„Passen Sie auf, Kollega", nickt er mir zu und illuminiert seinen
Totenkopf, „das Fräulein Nelly sollte den Fisch vor dem Kino er-
warten, denn er meint nämlich, dass sie ihn liebt."
Er lacht.
15 Aber das Fräulein Nelly lacht nicht mit. Sie schneidet nur eine
Grimasse und spuckt aus.
„Spuck hier nicht herum!", grinst die Dicke.
„Das freie Ausspucken ist behördlich verboten!"
„Die Behörde darf mich", beginnt Nelly.
20 „Also nur keine Politik!", fällt ihr Caesar ins Wort und wendet sich
wieder mir zu: „Hier in dieser Loge sollte unser lieber Fisch besoffen gemacht werden, bis er nicht mehr hätt schwimmen können,
sodass man ihn sogar mit der Hand hätt fangen können – dann
wären die beiden Damen mit ihm dort hinten durch die Tapeten-
25 tür aufs Zimmer gegangen. Und hierauf hätte sich folgerichtig
und logischerweise Folgendes entwickelt:
Der Fisch wäre eingeschlafen.
Die Nelly hätte sich auf den Boden gelegt und dies rundliche Kind
hätte sie mit einem Leintuch zugedeckt, ganz und gar, als wär sie
30 eine Leiche.
Dann hätt sich meine liebe Rundliche auf den schlafenden Fisch
gestürzt und hätt gellend geschrien: ,Was hast du getan?! Men-
schenskind, was hast du getan?!'
Und ich wär ins Zimmer getreten und hätt gesagt: ,Polizei!',
35 und hätt's ihm auf den Kopf zugesagt, dass er in seinem Rausch

---

[1] nachbilden

die Nelly erschlagen hat, genau so wie seinerzeit den anderen –
wir hätten eine große Szene aufgeführt und ich hätt ihm auch ein
paar Ohrfeigen gegeben – ich wette, Kollega, er hätt sich verraten!
Und wenn's auch nur ein Wörtchen gewesen wär, ich hätt ihn
5 aufs Land gezogen, ich schon!"
Ich muss lächeln.
Er sieht mich an, fast unwillig.
„Sie haben recht", sagt er, „der Mensch denkt und Gott lenkt –
wenn wir uns ärgern, dass einer nicht anbeißt, dann zappelt er
10 vielleicht schon im Netz."
Es durchzuckt mich.
Im Netz?!
„Lächeln Sie nur", höre ich Caesar, „Sie reden ja immer nur von
dem unschuldigen Mädel, aber ich denk auch an den toten Jun-
15 gen!"
Ich horche auf.
An den toten Jungen?
Ach so, der N – den hab ich ja ganz vergessen. –
Ich dachte an alle, alle – sogar an seine Eltern denke ich manch-
20 mal, wenn auch nicht gerade liebevoll – aber nie an ihn, nie, er fiel
mir gar nicht mehr ein.
Ja, dieser N!
Der erschlagen worden war. Mit einem Stein.
Den es nicht mehr gibt.

Das Gespenst

25 Ich verlasse die Lilie.
Ich gehe rasch heim, und die Gedanken an den N, den es nicht
mehr gibt, lassen mich nicht los.
Sie begleiten mich in mein Zimmer, in mein Bett.
Ich muss schlafen! Ich will schlafen!
30 Aber ich schlafe nicht ein –
Immer wieder höre ich den N: „Sie haben es ja ganz vergessen,
Herr Lehrer, dass Sie mitschuldig sind an meiner Ermordung.
Wer hat denn das Kästchen erbrochen – ich oder Sie? Hatte ich

Sie denn damals nicht gebeten: Helfen Sie mir, Herr Lehrer, ich hab's nämlich nicht getan – aber Sie wollten einen Strich durch eine Rechnung ziehen, einen dicken Strich – ich weiß, ich weiß, es ist vorbei!"

5 Ja, es ist vorbei.

Die Stunden gehen, die Wunden stehen.

Immer rascher werden die Minuten –

Sie laufen an mir vorbei.

Bald schlägt die Uhr.

10 „Herr Lehrer", höre ich wieder den N, „erinnern Sie sich an eine Geschichtsstunde im vorigen Winter. Wir waren im Mittelalter und da erzählten Sie, dass der Henker, bevor er zur Hinrichtung schritt, den Verbrecher immer um Verzeihung bat, dass er ihm nun ein großes Leid antun müsse, denn eine Schuld kann nur 15 durch Schuld getilgt werden."

Nur durch Schuld?

Und ich denke: Bin ich ein Henker?

Muss ich den T um Verzeihung bitten?

Und ich werd die Gedanken nicht mehr los –

20 Ich erhebe mich –

„Wohin?"

„Am liebsten weg, gleich weit weg –"

„Halt!"

Er steht vor mir, der N.

25 Ich komm durch ihn nicht durch.

Ich mag ihn nicht mehr hören!

Er hat keine Augen, aber er lässt mich nicht aus den Augen.

Ich mache Licht und betrachte den Lampenschirm.

Er ist voll Staub.

30 Immer muss ich an den T denken.

Er schwimmt um den Köder – oder?

Plötzlich fragt der N:

„Warum denken Sie nur an sich?"

„An mich?"

35 „Sie denken immer nur an den Fisch. Aber der Fisch, Herr Lehrer, und Sie, das ist jetzt ein und dasselbe."

„Dasselbe?!"

„Sie wollen ihn doch fangen – nicht?"

„Ja, gewiss – also wieso sind ich und er ein und dasselbe?"

„Sie vergessen den Henker, Herr Lehrer – den Henker, der den Mörder um Verzeihung bittet. In jener geheimnisvollen Stunde, da eine Schuld durch eine andere Schuld getilgt wird, verschmilzt der Henker mit dem Mörder zu einem Wesen, der Mörder geht gewissermaßen im Henker auf – begreifen Sie mich, Herr Lehrer?"

Ja, ich fange allmählich an zu begreifen –

Nein, jetzt will ich nichts mehr wissen!

Hab ich Angst?

„Sie sind noch imstand und lassen ihn wieder schwimmen", höre ich den N. „Sie beginnen ja sogar schon, ihn zu bedauern –"

Richtig, seine Mutter hat für mich keine Zeit –

„Sie sollen aber auch an meine Mutter denken, Herr Lehrer, und vor allem an mich! Auch wenn Sie nun den Fisch nicht meinetwegen, sondern nur wegen des Mädels fangen, wegen eines Mädels, an das Sie gar nicht mehr denken –"

Ich horche auf.

Er hat recht, ich denke nicht an sie –

Schon seit vielen Stunden.

Wie sieht sie denn nur aus?

Es wird immer kälter.

Ich kenne sie ja kaum –

Gewiss, gewiss, ich sah sie schon mal ganz, aber das war im Mond und die Wolken deckten die Erde zu – doch was hat sie nur für Haare? Braun oder blond?

Komisch, ich weiß es nicht.

Ich friere.

Alles schwimmt davon –

Und bei Gericht?

Ich weiß nur noch, wie sie mir zunickte, bevor sie die Wahrheit sagte, aber da fühlte ich, ich muss für sie da sein.

Der N horcht auf.

„Sie nickte Ihnen zu?"

„Ja."

Und ich muss an ihre Augen denken.

„Aber Herr Lehrer, sie hat doch keine solchen Augen! Sie hat ja
kleine, verschmitzte, unruhige, immer schaut sie hin und her,
richtige Diebsaugen!"

„Diebsaugen?"

5 „Ja."

Und plötzlich wird er sonderbar feierlich.

„Die Augen, Herr Lehrer, die Sie anschauten, waren nicht die Augen des Mädels. Das waren andere Augen."

„Andere?"

10 „Ja."

Das Reh

Mitten in der Nacht höre ich die Hausglocke.

Wer läutet da?

Oder habe ich mich getäuscht?

Nein, jetzt läutet es wieder!

15 Ich springe aus dem Bett, zieh mir den Morgenrock an und eile
aus dem Zimmer. Dort steht bereits meine Hausfrau, verschlafen
und wirr.

„Wer kommt denn da?", fragt sie besorgt.

„Wer ist da?", rufe ich durch die Türe.

20 „Kriminalpolizei!"

„Jesus Maria!", schreit die Hausfrau und wird sehr entsetzt. „Was
habens denn angestellt, Herr Lehrer?"

„Ich? Nichts!"

Die Polizei tritt ein – zwei Kommissare. Sie fragen nach mir.

25 Jawohl, ich bin es.

„Wir wollen nur eine Auskunft. Ziehen Sie sich gleich an. Sie
müssen mit!"

„Wohin?"

„Später!"

30 Ich ziehe mich überstürzt an – was ist geschehen?!

Dann sitz ich im Auto. Die Kommissare schweigen noch immer.

Wohin fahren wir?

Die schönen Häuser hören allmählich auf und dann kommen die hässlichen. Es geht durch die armen Straßen und wir erreichen das vornehme Villenviertel.

Ich bekomme Angst.

5 „Meine Herren", sage ich, „was ist denn geschehen in Gottes Namen?!"

„Später!"

Hier ist die Endstation, wir fahren weiter.

Ja, jetzt weiß ich, wohin die Reise geht –

10 Das hohe Tor ist offen, wir fahren hindurch, es meldet uns niemand an.

In der Halle sind viele Menschen.

Ich erkenne den Pförtner und auch den Diener, der mich in den rosa Salon führte.

15 An einem Tische sitzt ein hoher polizeilicher Funktionär[1]. Und ein Protokollführer.

Alle blicken mich forschend und feindselig an.

Was hab ich denn verbrochen?

„Treten Sie näher", empfängt mich der Funktionär.

20 Ich trete näher.

Was will man von mir?

„Wir müssen einige Fragen an Sie richten. Sie wollten doch gestern Nachmittag die gnädige Frau sprechen –" er deutet nach rechts.

25 Ich blicke hin.

Dort sitzt eine Dame. In einem großen Abendkleid. Elegant und gepflegt – ach, die Mutter des T!

Sie starrt mich hasserfüllt an.

Warum?

30 „So antworten Sie doch!", höre ich den Funktionär.

„Ja", sage ich, „ich wollte die gnädige Frau sprechen, aber sie hatte leider keine Zeit für mich."

„Und was wollten Sie ihr erzählen?"

Ich stocke – aber es hat keinen Sinn!

35 Nein, ich will nicht mehr lügen!

---

[1] leitender Beauftragter

Ich sah ja das Netz –

„Ich wollte der gnädigen Frau nur sagen", beginne ich langsam, „dass ich einen bestimmten Verdacht auf ihren Sohn habe –"

Ich komme nicht weiter, die Mutter schnellt empor.

5 „Lüge!", kreischt sie. „Alles Lüge! Nur er hat die Schuld, nur er! Er hat meinen Sohn in den Tod getrieben! Er, nur er!"

Ich wanke.

In den Tod?!

„Was ist denn los?!", schreie ich.

10 „Ruhe!", herrscht mich der Funktionär an.

Und nun erfahre ich, dass der Fisch ins Netz geschwommen ist. Er wurde bereits ans Land gezogen und zappelt nicht mehr. Es ist aus.

Als die Mutter vor einer Stunde heimkam, fand sie einen Zettel

15 auf ihrem Toilettentisch. „Der Lehrer trieb mich in den Tod", stand auf dem Zettel.

Die Mutter lief in das Zimmer des T hinauf – der T war verschwunden. Sie alarmierte das Haus. Man durchstöberte alles und fand nichts. Man durchsuchte den Park, rief „T!" und immer

20 wieder „T!" – keine Antwort.

Endlich wurde er entdeckt. In der Nähe eines Grabens.

Dort hatte er sich erhängt.

Die Mutter sieht mich an.

Sie weint nicht.

25 Sie kann nicht weinen, geht es mir durch den Sinn.

Der Funktionär zeigt mir den Zettel.

Ein abgerissenes Stück Papier.

Ohne Unterschrift.

Vielleicht schrieb er noch mehr, fällt es mir plötzlich ein.

30 Ich schau die Mutter an.

„Ist das alles?", frage ich den Funktionär.

Die Mutter schaut weg.

„Ja, das ist alles", sagt der Funktionär. „Erklären Sie sich!"

Die Mutter ist eine schöne Frau. Ihr Ausschnitt ist hinten tiefer

35 als vorne. Sie hat es sicher nie erfahren, was es heißt, nichts zum Fressen zu haben –

Ihre Schuhe sind elegant, ihre Strümpfe so zart, als hätte sie keine an, aber ihre Beine sind dick. Ihr Taschentuch ist klein. Nach was riecht es? Sicher hat sie ein teures Parfüm –

Aber es kommt nicht darauf an, mit was sich einer parfümiert.

5 Wenn der Vater keinen Konzern hätte, würde die Mutter nur nach sich selbst duften.

Jetzt sieht sie mich an, fast höhnisch.

Zwei helle, runde Augen –

Wie sagte doch seinerzeit der T in der Konditorei?

10 „Aber Herr Lehrer, ich hab doch keine Fischaugen, ich hab ja Rehaugen – meine Mutter sagt's auch immer."

Sagte er nicht, sie hätte die gleichen Augen?

Ich weiß es nicht mehr.

Ich fixiere die Mutter.

15 Warte nur, du Reh!

Bald wird es schneien, und du wirst dich den Menschen nähern.

Aber dann werde ich dich zurücktreiben!

Zurück in den Wald, wo der Schnee meterhoch liegt.

Wo du stecken bleibst vor lauter Frost –

20 Wo du verhungerst im Eis.

Schau mich nur an, jetzt rede ich!

Die anderen Augen

Und ich rede von dem fremden Jungen, der den N erschlagen hat, und erzähle, dass der T zuschauen wollte, wie ein Mensch kommt und geht. Geburt und Tod, und alles, was dazwischen liegt, wollt

25 er genau wissen. Er wollte alle Geheimnisse ergründen, aber nur, um darüberstehen zu können – darüber mit seinem Hohn. Er kannte keine Schauer, denn seine Angst war nur Feigheit. Und seine Liebe zur Wirklichkeit war nur der Hass auf die Wahrheit.

Und während ich so rede, fühle ich mich plötzlich wunderbar

30 leicht, weil es keinen T mehr gibt.

Einen weniger!

Freue ich mich denn?

Ja! Ja, ich freue mich!

Denn trotz aller eigenen Schuld an dem Bösen ist es herrlich und wunderschön, wenn ein Böser vernichtet wird!

Und ich erzähle alles.

„Meine Herren", sagte ich, „es gibt ein Sägewerk, das nicht mehr
5 sägt, und es gibt Kinder, die in den Fenstern sitzen und die Puppen bemalen."

„Was hat das mit uns zu tun?", fragt mich der Funktionär.

Die Mutter schaut zum Fenster hinaus.

Draußen ist Nacht.

10 Sie scheint zu lauschen –

Was hört sie?

Schritte?

Das Tor ist ja offen –

„Es hat keinen Sinn, einen Strich durch die Rechnung machen zu
15 wollen", sage ich und plötzlich höre ich meine Worte.

Jetzt starrt mich die Mutter wieder an.

Und ich höre mich: „Es ist möglich, dass ich Ihren Sohn in den Tod getrieben habe –"

Ich stocke –

20 Warum lächelt die Mutter?

Sie lächelt noch immer –

Ist sie verrückt?

Sie beginnt zu lachen – immer lauter!

Sie kriegt einen Anfall.

25 Sie schreit und wimmert –

Ich höre nur das Wort „Gott".

Dann kreischt sie: „Es hat keinen Sinn!"

Man versucht, sie zu beruhigen.

Sie schlägt um sich.

30 Der Diener hält sie fest.

„Es sägt, es sägt!", jammert sie –

Was?

Das Sägewerk?

Sieht sie die Kinder in den Fenstern?

35 Ist jener Herr erschienen, der auch auf Ihre Zeit, gnädige Frau, keine Rücksicht nimmt, denn er geht durch alle Gassen, ob groß oder klein –

Sie schlägt noch immer um sich.

Da verliert sie ein Stückchen Papier – als hätte ihr wer auf die Hand geschlagen.

Der Funktionär hebt es auf.

5 Es ist ein zerknülltes Papier.

Der abgerissene Teil jenes Zettels, auf dem stand: „Der Lehrer trieb mich in den Tod".

Und hier schrieb der T, warum er in den Tod getrieben wurde: „Denn der Lehrer weiß es, dass ich den N erschlagen habe. Mit
10 dem Stein –"

Es wurde sehr still im Saal.

Die Mutter schien zusammengebrochen.

Sie saß und rührte sich nicht.

Plötzlich lächelt sie wieder und nickt mir zu.

15 Was war das?

Nein, das war doch nicht sie –

Das waren nicht ihre Augen –

Still, wie die dunklen Seen in den Wäldern meiner Heimat.

Und traurig, wie eine Kindheit ohne Licht.

20 So schaut Gott zu uns herein, muss ich plötzlich denken. Einst dachte ich, er hätte tückische, stechende Augen – Nein, nein! Denn Gott ist die Wahrheit.

„Sage es, dass du das Kästchen erbrochen hast", höre ich wieder die Stimme. „Tu mir den Gefallen und kränke mich nicht –"

25 Jetzt tritt die Mutter langsam vor den Funktionär und beginnt zu reden, leise, doch fest: „Ich wollte mir die Schande ersparen", sagt sie, „aber wie der Lehrer zuvor die Kinder in den Fenstern erwähnte, dachte ich schon: Ja, es hat keinen Sinn."

Über den Wassern

Morgen fahre ich nach Afrika.

30 Auf meinem Tische stehen Blumen. Sie sind von meiner braven Hausfrau zum Abschied.

Meine Eltern haben mir geschrieben, sie sind froh, dass ich eine Stellung habe, und traurig, dass ich so weit weg muss über das große Meer.

Und dann ist noch ein Brief da. Ein blaues Kuvert.

„Schöne Grüße an die Neger. Der Klub."

Gestern hab ich Eva besucht.

Sie ist glücklich, dass der Fisch gefangen wurde. Der Pfarrer hat
5 es mir versprochen, dass er sich um sie kümmern wird, wenn sie
das Gefangnis verlässt.

Ja, sie hat Diebsaugen.

Die Staatsanwaltschaft hat das Verfahren gegen mich niederge-
schlagen, und der Z ist schon frei. Ich packe meine Koffer.
10 Julius Caesar hat mir seinen Totenkopf geschenkt. Dass ich ihn
nur nicht verliere!

Pack alles ein, vergiss nichts!

Lass nur nichts da!

Der Neger fährt zu den Negern.

Anhang

1. Biografisches zu Ödön von Horváth

Horváth im Jahre 1932

Ödön von Horváth – Eine Kurzbiografie

Die Lebensumstände Ödön von Horváths waren von den tragischen Wechselfällen bestimmt, die die mitteleuropäische Geschichte in der ersten Hälfte des 20. Jahrhunderts prägten. So erlebte er den Untergang des österreichisch-ungarischen Vielvölkerstaats und nachfolgend die kurze Blütezeit der österreichischen Republik ebenso wie den verhängnisvollen Aufstieg des Nationalsozialismus in Europa. Dieser biografische Hintergrund übte folgerichtig auch einen erheblichen Einfluss auf Horváths literarisches Schaffen aus.

Ödön von Horváth, der sich wiederholt als eine „typisch alt-österreichisch-ungarische Mischung" bezeichnet, ist ein ‚Tornisterkind'. So nannte man in der Monarchie[1] die Kinder von Offizieren, Beamten oder Diplomaten, die immer wieder von einem Land in das
5 andere umziehen mussten, ‚transferiert' wurden. Geboren am 9. Dezember 1901 in Susak (einem Vorort von Rijeka/Fiume) im ungarischen Teil der Reichshälfte als Sohn eines landadeligen Diplomaten, lebt er 1903 bis 1908 in Belgrad, 1908 bis 1913 in Budapest, 1914 in München und besucht 1917 die Oberrealschule in Po-
10 zsony/Bratislava/Preßburg. Trotz des Namens (Ödön = ungar. f. ‚Edmund', Horváth = ‚Kroate' und ein in Ungarn und Ost-Österreich häufiger Familienname) ist seine Muttersprache Deutsch. Aufgrund der häufigen Übersiedlungen schreibt er jedoch erst mit 14 Jahren den ersten deutschen Satz. Gerade diese Konfrontation mit

---

[1] Gemeint ist das bis 1918 existierende Kaiserreich Österreich-Ungarn. Der flächenmäßig nach Russland zweitgrößte Staat Europas erstreckte sich im Westen bis in die Lombardei, im Osten bis nach Galizien. Die südliche Grenze bildete das heutige Kroatien, die nördliche Böhmen. Der auch als Donaumonarchie bezeichnete Vielvölkerstaat beherbergte zahlreiche verschiedene Nationalitäten, zum Beispiel Deutschösterreicher, Ungarn, Tschechen, Slowaken, Slowenen, Polen, Rumänen, Italiener und Polen. Die einende Klammer des Reiches bildete über lange Jahrhunderte hinweg das übernationale katholische Kaisertum, personifiziert im Haus Habsburg. Die seit der zweiten Hälfte des 19. Jahrhunderts immer stärker werdenden Spannungen zwischen den einzelnen Völkerschaften höhlten jedoch die Reichsidee innerlich aus und bereiteten den Zusammenbruch des Reichs im Zuge des Ersten Weltkriegs (1914–1918) vor.

so vielen Idiomen[1] mag sehr früh schon zu einer geschärften Sen-
sibilität für feinste Nuancierungen eines Gesprächs geführt haben,
für die dabei möglichen Missverständnisse und Verstellungen. Im
einfachen und oft abgehackten Satzbau seines dramatischen
5 Werks ergibt sich später eine Dichte und Subtilität des Dialogs, die
oft mit Schnitzler[2] und mit Cechov[3] verglichen wird.

Den Zusammenbruch der Monarchie begreift Horváth zwar als
entscheidendes historisches Ereignis, nicht jedoch als individu-
ellen Schicksalsschlag. Das zynisch-sachliche Lebensgefühl dieser
10 ,Nachkriegsgeneration' wird in der *Autobiografischen Notiz* deutlich. Als 1919 in Ungarn unter Belá Kuhn die Räteverfassung[4] einge-
führt wird, wird Horváths Vater zunächst unter Hausarrest gestellt
und verlässt schließlich Budapest in Richtung Bayern. Im Sommer
besucht Ödön die Abschlussklasse im „Konzessionierten Institut
15 Vrtel", einem privaten Realgymnasium in Wien. Während dieser
Zeit lebt er bei seinem Onkel in der Piaristengasse 62. Bei späteren
Aufenthalten (1920 und 1931) wohnt er in der in einer Parallelgasse
gelegenen Pension Zipser. Wenige Schritte davon entfernt, Lange
Gasse 49, befinden sich jene Häuser in einer *„stillen Straße im ach-*
20 *ten Bezirk"*, die als Anregung für den zentralen Schauplatz in den
Geschichten dienten.

Nach dem Abitur zieht er zu seinen Eltern nach München und belegt an der Ludwig-Maximilian-Universität fünf Semester lang lite-
ratur- und theaterwissenschaftliche Vorlesungen und Übungen. Er
25 kennt demnach bei seinen ersten Schreibversuchen die Gestal-
tungsmöglichkeiten sowohl der älteren als auch der zeitgenössischen dramatischen Literatur.

1924 fasst er den Entschluss, sich in Berlin niederzulassen, was für
den „Inhalt seiner Stücke aus mehrfachen Gründen von entschei-
30 dender Bedeutung" ist. Berlin bietet ihm die Möglichkeit, als
Schriftsteller zu leben, befreit ihn von dem „Stillstand", von der
„Gefahr des Romantischwerdens", wie es in der autobiografischen

---

[1] Sprechweise bzw. Dialekt einer bestimmten gesellschaftlichen Gruppe
[2] Schnitzler, Arthur: österreichischer Schriftsteller (1862–1931)
[3] Anton Pavlovč Čechov: russischer Schriftsteller (1860–1904)
[4] Gemeint ist hier die 1919 unter Führung Belá Kuhns (1886–1939) betrie-
bene kommunistische Revolution in Ungarn.

Skizze *Flucht aus der Stille* heißt. Er will das „Werden eines neuen gesellschaftlichen Bewusstseins" erleben. Das Berlin der Zwanzigerjahre, Deutschlands „einzige Zitadelle der Aufklärung" (Helmut Plessner), ist hierfür der geeignete Ort. *Revolte auf Côte 3018,* schon
5 1927 in Hamburg uraufgeführt, wird umgearbeitet und unter dem neuen Titel *Die Bergbahn* 1929 in Berlin inszeniert. Rückschauend wird es vom Autor als sein „erstes" Stück bezeichnet. Es folgen *Sladek* (1929) und *Die Italienische Nacht* (1931).

1931 ehrt Carl Zuckmayer[1], der für die Vergabe des Kleist-Preises
10 zuständig ist, den jungen Dramatiker mit einem der bedeutendsten Literaturpreise des deutschen Sprachraums. Horváth sei unter den Nachwuchsdramatikern die „stärkste Begabung", der „hellste Kopf und die prägnanteste Persönlichkeit", so begründet Zuckmayer seine Entscheidung, dem Verfasser der *Italienischen Nacht*
15 und anderer Stücke den Preis zuzuerkennen. Aggressive Angriffe auf die Preisvergabe erfolgen seitens der Presse der Rechten, die sich in der Darstellung der illegalen Wehrverbände im *Sladek* sowie der rechten Rabauken in der *Italienischen Nacht* entlarvt sehen. In der „Neuen Preußischen Kronenzeitung" ist etwa zu lesen: „Die
20 Würde des Kleist-Preises hat durch solche Komödie der Urteilskraft schwer gelitten. [...] Der Kunstverstand [...] ist zum Teufel."

Am 2. November 1931 findet am Deutschen Theater Berlin in Heinz Hilperts Inszenierung die Uraufführung der *Geschichten* statt: mit Carola Neher (Marianne), Hans Moser (Zauberkönig), Peter Lorre
25 (Alfred), Paul Hörbiger (Rittmeister). Das Stück wird insgesamt sechsunddreißig Mal gespielt. Als Horváth bei der Premiere den ‚Großkritiker' Alfred Kerr erblickt, hat er furchtbare Angst, die sich erst legt, als sich der Erfolg der Aufführung abzuzeichnen beginnt. Die überwiegend positive Aufnahme durch die renommiertesten
30 zeitgenössischen Kritiker (Alfred Kerr, Herbert Ihering, Alfred Polgar) bedeutet für den Autor den endgültigen Durchbruch. Unflätig und drohend angefeindet wird er wieder von der völkischen Presse. Als „Sauherdenton" bezeichnet Horváth die Art, in der von einer „gewissen" Presse „dahergeschrieben" wird. Die aufgebrachten Rechtskreise versuchen sogar, die österreichische Botschaft in Ber-

---

[1] Carl Zuckmayer, deutscher Schriftsteller (1896–1977)

lin zu einer Intervention gegen weitere Aufführungen des Stücks zu mobilisieren. Doch österreichischerseits nimmt man's gelassen, bezeichnet gar das Stück als ‚harmlose' Satire. Das ist es natürlich nicht, aber diplomatisch war die Reaktion jedenfalls.

5 In den Jahren nach 1932 hat Horváth zunehmend Schwierigkeiten, seine Stücke aufführen zu lassen. Die am Hamburger Thalia-Theater für die Spielzeit 1932/33 geplante Inszenierung der *Geschichten* kommt nicht mehr zustande. Nach Hitlers Machtergreifung werden die Proben für *Glaube Liebe Hoffnung* untersagt. Horváth
10 kommt vorübergehend in Schutzhaft, flieht nach Wien und nach Henndorf (Salzburg). *Der jüngste Tag* (1937) wird als sein letztes Stück an einer Provinzbühne in Mährisch-Ostrau uraufgeführt. Nach dem ‚Anschluss' Österreichs an das Deutsche Reich (März 1938) muss er erneut flüchten. Über Budapest, Prag, Triest, Zürich,
15 Amsterdam erreicht er Paris, das nur als Durchgangsstation in die USA gedacht war.

Horváths kurze Mitgliedschaft im nationalsozialistischen „Reichsverband Deutscher Schriftsteller" (erst 1980 bekannt geworden) entspringt kaum seiner Sehnsucht, ‚künstlerisch und politisch'
20 von den Nazis angenommen zu werden (wie behauptet wurde), sondern ist wohl als „Akt der Verzweiflung" zu sehen, sie beruht auf einer „Fehleinschätzung". Reue und Schuldgefühl wegen seines Fehltritts führen zur Verwerfung eines Teils des bisherigen Schaffens und im Spätwerk (1933–1937) zur Neuorientierung an
25 religiös-metaphysischer Thematik. Sein antifaschistischer Roman *Jugend ohne Gott* (1937 in einem Exilverlag erschienen) wird von der Gestapo verboten. Für den Dichter besteht höchste Gefahr, auch wenn es für ihn keine abrupte Emigration gibt, sondern eine auf Raten.
30 Am 1. Juni 1938 wird Horváth in der Nähe der Champs Élysées vom herabfallenden Ast eines Baumes erschlagen. Auf einer Zigarettenschachtel hatte er folgendes Gedicht notiert:

Und die Leite werden sagen
In fernen blauen Tagen
35 Wird es einmal recht
Was falsch ist und was echt

Was falsch ist, wird verkommen
Obwohl es heut regiert.
Was echt ist, das soll kommen –
Obwohl es heut krepiert.

5 Horváths tragischer Tod hat den misslichen Topos[1] vom ‚Unvollen-
det' gefördert, der in der Rezeption unmittelbar nach dem Zweiten
Weltkrieg eine gewisse Rolle spielte.

Aus: Friedrich Hobek: Ödön von Horváth. Geschichten aus dem Wienerwald.
Grundlagen und Gedanken. Frankfurt am Main: Diesterweg, 2. Auflage 1999, S. 7–9

Werkbiografische Aspekte zu „Jugend ohne Gott"

Ödön von Horváths Roman *Jugend ohne Gott* gilt als eines der
wichtigsten Bücher im Kanon der antifaschistischen Literatur. Als
das Buch im Herbst 1937 von dem renommierten Amsterdamer
Exilverlag Allert de Lange ausgeliefert wurde – als Imprimatur[2]
5 trägt es die Jahresangabe 1938 –, hatte der Autor mit ihm eine neue
und sichere Position als Gegner des Nationalsozialismus gewonnen und damit gleichzeitig eine der schwierigsten Phasen seiner
schriftstellerischen Karriere hinter sich gebracht.
Seit der Machtübernahme der Nationalsozialisten im Jahr 1933
10 stand Horváth das Deutsche Reich als Ort für Aufführungen und
Publikationen nicht mehr zur Verfügung. So recht wollte der Autor
dies jedoch nicht glauben, denn bis Mitte der 1930er-Jahre be-
mühte er sich, mit Exposés und Treatments[3] [...] in der nationalsozialistischen Berliner Filmindustrie Fuß zu fassen. Um sich die
15 Chance einer solchen Karriere nicht zu nehmen, distanzierte sich
Horváth noch im Jahr der nationalsozialistischen Machtübernahme brüsk von Versprechungen, die er schon im Exil befindlichen
Kollegen und Freunden gegeben hatte. So zog er im Mai 1933 die
Unterschrift unter ein Protesttelegramm antifaschistischer Auto-
20 ren an den PEN-Kongress[4] im kroatischen Ragusa zurück und wi-

---

[1] feste, etablierte Vorstellung
[2] Druckerlaubnis
[3] Drehbuchskizzen
[4] PEN: internationale Schriftstellervereinigung

derrief am 7. September 1933 in einem Brief an den Verleger Fritz Landshoff seine Zusage, sich – wie übrigens auch Stefan Zweig – an der wichtigen Exilzeitschrift *Die Sammlung* zu beteiligen. In der Exilantenszene und unter den antifaschistischen Autoren Österreichs rief das Verhalten Horváths teilweise lautstark geäußerte Kritik hervor [...].

Um im Deutschen Reich tätig bleiben zu können, mussten Künstler und Schriftsteller der mit Gesetz vom 22. September 1933 gegründeten „Reichskulturkammer" oder einer ihrer Unterorganisationen beitreten. Auch diesen Schritt unternahm Horváth: Am 11. Juli 1934 stellt er einen Aufnahmeantrag an den „Reichsverband Deutscher Schriftsteller". In einem diesem Antrag vorausgehenden Schreiben vom 18. Juni 1934 an den „Neuen Bühnenverlag", der ihm den Vertrieb seiner Stücke im Deutschen Reich sichern sollte, führte Horváth Dinge aus, die so gar nicht zum Bild des späteren Autors von *Jugend ohne Gott* passen wollen:

„Wie Sie wissen, bin ich Ausländer, aber meine Muttersprache ist Deutsch und daher fühle ich mich als Mitglied des mächtigen deutschen Kulturkreises. Ich habe beim Ausbruch der deutschen nationalen Revolution und während der folgenden Zeit bis Mitte April 1934 im Ausland gelebt und gearbeitet. Ich habe während dieser ganzen Zeit es kategorisch abgelehnt, irgendetwas in Wort und Schrift oder Tat gegen Deutschland und seine Regierung zu unternehmen. [...] Ich erwarte es niemals, dass man mich irgendwo mit offenen Armen empfängt, aber es wäre für mich mehr als ein sehr schmerzliches Erlebnis, wenn man es mir untersagen würde, am Wiederaufbau Deutschlands mitzuarbeiten, soweit dies mir meine Kräfte erlauben."

Die Anbiederungen an das neue Regime, die einer Leugnung so gut wie aller Antriebe und Impulse von Horváths bisherigem Schreiben gleichkamen, änderten jedoch nichts: Ab 1933 waren dem Autor der deutsche Markt und die deutsche Öffentlichkeit versperrt. Als Filmautor vermochte er nicht zu reüssieren[1] [...] und die Theaterstücke, die er seit 1933 vorlegte (darunter Bearbeitungen klassischer Stoffe wie in *Figaro lässt sich scheiden* und *Don Juan*

---

[1] Anerkennung finden

kommt aus dem Krieg), wurden nur an vergleichsweise unbedeutenden Häusern in Österreich, der Schweiz oder der Tschechoslowakei gespielt. An die großen Berliner Erfolge, etwa der *Geschichten aus dem Wiener Wald* (1931), ließ sich auf diese Weise nicht anknüpfen: weder in Bezug auf die Resonanz beim Publikum und bei der Kritik noch finanziell.

Zusehends weitete sich in diesen Jahren der Erfolg- und Orientierungslosigkeit Horváths existenzielle zu einer moralischen Krise, und die Entstehung von *Jugend ohne Gott* ist wohl gerade auch vor diesem Hintergrund zu sehen. Auf einem Blatt aus dem Nachlass, dessen Datierung als zwischen November 1936 und November 1937 unsicher ist [...], verwirft Horvath alle Stücke, die er ab 1932 geschrieben hat, da er in ihnen „durch den neupreußischen Einfluss" verdorben worden sei. Nun aber habe er sich „die Aufgabe gestellt, frei von Verwirrung die Komödie des Menschen zu schreiben, ohne Kompromisse" und „ohne Gedanken ans Geschäft" [...].

Soweit es sich aufgrund der wenigen dazu vorhandenen Nachlass-Blätter sagen lässt, stellte sich Horváth unter jener „Komödie des Menschen" einen Zyklus von Dramen vor, der in einem siebenteiligen Aufbau von der „Urzeit" bis zum „Jüngsten Gericht" reichen und damit quasi die gesamte Menschheitsentwicklung umfassen sollte. Die Zuordnung von tatsächlich geschriebenen Stücken zu diesem großen, von moralischer Läuterung getragenen Gesamtprojekt ist nicht immer eindeutig, zeitweise dürfte Horváth aber in jedem Fall die beiden Komödien *Ein Dorf ohne Männer* und *Pompeij* (bzw. dessen Vorläufer *Ein Sklavenball*) sowie das Schauspiel *Der jüngste Tag* in diesem Rahmen gesehen haben.

Im Hinblick auf *Jugend ohne Gott* ist wesentlich, dass das Dramen-Großprojekt, von dem Horváth sein Schreiben von nun an geleitet sah, eine (wenn auch verdeckte) antifaschistische Grundierung trug. Sichtbar wird diese Stoßrichtung in der Vorlage, auf die sich Horváth in der Konzeption seiner „Komödie des Menschen" bezog. Es handelt sich hierbei um das Stück *Die Tragödie des Menschen* von Imre Madách (1823–1864) aus dem Jahr 1861. Der ungarische Autor wollte mit einer Darstellung der gesamten Menschheitsentwicklung gegen die totalitäre Unterdrückung der Ungarn durch Österreich opponieren [...].

Ähnliches hatte – gegen den Nationalsozialismus und wohl auch gegen seine eigenen Verstrickungen gewendet – Horváth mit der „Komödie des Menschen" im Sinn. Das oben zitierte Blatt aus dem Nachlass beschreibt den inneren Antrieb des Projektes mit
5 wenigen Sätzen: „Es gibt nichts Entsetzlicheres als eine schreibende Hur. Ich geh nicht mehr auf den Strich und will unter dem Titel ‚Komödie des Menschen' fortan meine Stücke schreiben, eingedenk der Tatsache, dass im Ganzen genommen das menschliche Leben immer ein Trauerspiel, nur im Einzelnen eine Komödie
10 ist."

Aus: Kastberger, Klaus/Polt-Heinzl: Jugend ohne Gott – Nachwort. Stuttgart: Verlag Philipp Reclam jun. 2009, S. 175-178

2. Reaktionen auf „Jugend ohne Gott"

Unmittelbare Reaktionen im In- und Ausland

*Ödön von Horváths 1937 veröffentlichter Roman „Jugend ohne Gott"
rief geteilte Meinungen bei Lesern, Schriftstellern und zeitgenössischen
Behörden hervor: Zahlreiche Übersetzungen dokumentieren Erfolg
und Verbreitung des Romans, die in Deutschland bald unterbunden
wurden. Bereits 1938 wurde „Jugend ohne Gott" in Deutschland verboten. Namhafte, im Folgenden zitierte Schriftsteller wie Hermann Hesse, Klaus und Thomas Mann oder Franz Werfel äußerten sich hingegen
anerkennend.*

Jugend ohne Gott erschien am 26.10.1937 im Allert de Lange Verlag
Amsterdam. Der Roman begründete den internationalen Erfolg Horváths und wurde binnen eines Jahres in acht Sprachen übersetzt: ins
Englische, Tschechische, Polnische, Französische, Schwedische, Ser-
5 bokroatische, Niederländische und Dänische. Alle bedeutenden internationalen Zeitungen besprachen ihn überwiegend positiv. Die
Rezensenten nahmen diesen Exilroman gleichwohl sehr unterschied-
lich wahr: Die meisten Kritiker betonten die moralische Konfliktsitu-
ation sowie die metaphysische Dimension des Textes. [...]
10 Dagegen stellten die Exilzeitungen und -zeitschriften den politischen Gehalt des Buchs heraus und akzentuierten den aktuellen
Bezug zur faschistischen Gesellschaft. Hermann Linde etwa
schrieb in der in Paris erscheinenden Wochenzeitung *Die Zukunft*
vom 16.12.1938 Horváth das Verdienst zu, als Erster die Jugend
15 unter der faschistischen Diktatur zum Thema eines Romans gemacht zu haben, merkte indes einschränkend an, dass ihm die
Gestaltung des Massenschicksals der zeitgenössischen deutschen
Jugend nicht gelungen sei. Kurt Großmann nutzte seine Rezensi-
on, die in Form eines offenen Briefes an Ödön von Horváth im
20 Prager *Sozialdemokrat* am 27.1.1938 erschienen ist, um kritische
Fragen an das Naziregime zu stellen:
„Wem soll man das Buch empfehlen? Der Jugend, deren grauen-
volles Schicksal Sie lebenswahr gestalten? Oder den Eltern, die, am
Rande des Geschehens die Hände in den Schoß gelegt, zuschauen?

So würde ich antworten: In erster Linie den Eltern. Denn sie könnten aus Ihrem Buche vieles lernen, vor allem verantwortlich zu handeln; [...] Aber die Eltern in den Staaten der Oberplebejer, wo bleiben sie? Erheben sie sich nicht? Kämpfen sie nicht um ihre Kinder? Sind
5 nicht die Mütter dazu da, Leben zu gebären, es zu behüten und nicht dazu, tatenlos zuzusehen, wie es vernichtet wird? [...] Ihr Buch ist für mich der beschwingende Appell, in dem Kampfe nicht nachzulassen, damit uns die Flucht zu den Negern erspart bleibe."

Dagegen wurde Horváths Freund, der Dramatiker Franz Theodor
10 Csokor, nicht müde zu versichern, dass dies „kein politischer Roman" sei, „obgleich die Straße mit ihren täglichen Parolen hineinschreit". Er unterstrich das Recht des Individuums auf persönliche Entfaltung und auf humanistische Werte, das im Kollektivismus[1] jedweder Couleur[2] nicht gewährleistet sei:
15 „Es ist die Jugend, die aus der Gotteskrise kommt und die nun ihr ziellos gewordenes metaphysisches Bedürfnis an ein niedrigeres Objekt der Verehrung hängt oder ganz in sich verschlossen nur herzlose Neugier einer sich nirgendwo mehr verantwortlich fühlenden Kreatur ist."
20 Auch andere Schriftstellerkollegen Horváths äußerten sich anerkennend über den Roman. Hermann Hesse (1877–1962) etwa schätzte das Buch als „großartig" ein, denn es schneide quer durch den moralischen Weltzustand heute [...]. Thomas Mann (1875–1955) schrieb Carl Zuckmayer (1896–1977) sogar, „dass er
25 den Roman für das beste Buch der letzten Jahre hält" [...]. Joseph Roth (1894–1939) nannte Ödön von Horváth den hellsichtigen „Chronisten seiner Zeit", der der „Dämonologie des Kleinbürgertums", so Franz Werfel (1890–1945), auf der Spur sei. In Roths Nachruf in der *Pariser Tageszeitung* vom 3.6.1938 heißt es: „In allen
30 Stücken Horváths, in jeder Zeile seiner Prosa, äußert sich ein unverkennbarer Hass gegen deutsche Spießigkeit, die den deutschen Mord, nämlich das Dritte Reich, geboren hat [...]".

In Deutschland selbst blieb dem Roman ein Erfolg vorerst versagt, denn das nationalsozialistische Regime reagierte relativ rasch mit

---

[1] Gesellschaftsordnung mit Betonung des gesellschaftlichen Ganzen
[2] hier: Prägung

einem Verbot. Im Frühjahr wurde *Jugend ohne Gott* auf die „Liste
des schädlichen und unerwünschten Schrifttums" gesetzt und die
im Reichsgebiet auftauchenden Exemplare eingezogen und sicher-
gestellt [...]. Auf eben dieser „Liste" vom 31.12.1938 wird neben *Ju-*
5 *gend ohne Gott* auch *Ein Kind unserer Zeit* aufgeführt. Bemerkens-
wert ist die Begründung des Verbotes: Es sind nicht die unüberseh-
baren und provozierenden Anspielungen auf das NS-Regime, es
sind die „pazifistischen Tendenzen des Romans", derentwegen er
nicht verbreitet werden darf [...].

Aus: Tworek, Elisabeth: Jugend ohne Gott. Kommentar. Frankfurt am Main: Suhrkamp
Verlag 1988, S. 166–168

Ein Nachruf auf Ödön von Horváth von Klaus Mann (1938)

Ein Nachruf auf Horváth von Klaus Mann[1] unter dem Titel „Oe-
dön von Horváth †":

„Er hatte eine charakteristische, unvergessliche Manier[2], über all
die grauenvollen Dinge, die in seinen Anekdoten vorkamen, kind-
5 lich amüsiert, dabei etwas drohend zu lachen. Dieses Lachen
schien auszudrücken: Es ist ja unterhaltend und seltsam und recht
interessant, dass die Welt so schauerlich, so bunt verderbt, so
reich an Absurdität und Grauen ist. Aber, andererseits, sollten wir
doch wohl unser Teil dafür tun, dass sie ein bisschen besser und
10 vernünftiger, etwas weniger tragikomisch werde.

Denn der Dichter war auch Moralist. Er war es nicht so sehr infolge
von sozialen oder ökonomischen Überlegungen und Erkenntnis-
sen; eher aus einer religiösen Veranlagung heraus. Da er an Gott
glaubte und sich innig viel mit Gott beschäftigte, war es ihm nicht
15 möglich, das Böse und Hässliche wie ein krasses Schauspiel nur
zu genießen. Er hasste es auch, und schließlich kam er sogar dazu,
es zu bekämpfen – mit den Mitteln, die ihm gegeben waren: mit
den dichterischen Mitteln.

Wäre er nicht im Grunde doch ein Moralist gewesen, er hätte sich
20 ja sehr wohl mit Nazi-Deutschland abfinden können, wo man ge-

---

[1] dt. Schriftsteller (1906–1949)
[2] hier: Art

gen den ungarischen „Arier" wohl nicht viel einzuwenden gehabt
hätte und wo seine Vorliebe für das schaurig Groteske üppig auf
ihre Kosten gekommen wäre. Indessen trennte er sich unbedingt
vom Dritten Reich: zunächst wohl einfach aus Gründen des guten
5 Geschmacks – um seiner Würde als Schriftsteller willen; dann aber
auch aus einem Anstand, der mehr als nur Anständigkeit, nämlich
Moral im ernstesten, tiefsten Sinn des Wortes war. Er erschauerte
vor dem Bösen, das im Dritten Reich täglich schamlos-nackt tri-
umphiert. Der Roman, den er im Exil veröffentlicht hat, „Jugend
10 ohne Gott", ist von der ersten bis zur letzten Zeile atemberaubend
erfüllt von diesem Schauder und von diesem Grauen.
Die gottlose Jugend, die der tragische Kollektiv-Held des Buches
ist, hat keine Ideale, keinen Glauben mehr, – ein materialistisches
Zeitalter hat ihr den Glauben genommen; der Faschismus hat ihr
15 für die verlorene Religiosität keinen Ersatz gegeben, sondern nur
die Gewaltanbetung und die Brutalität als Prinzip. Die Jugend ohne
Gott ist sowohl traurig als auch böse; sie ist grausam und melan-
cholisch. Die trostlose und gefährliche Jugend, die Horváth meint
und beschreibt, ist die Jugend des Dritten Reiches. Aber das Poli-
20 tische selber kommt in dieser Erzählung – die durchaus Poesie und
durchaus nicht Reportage ist – nur indirekt vor. Die politische Ten-
denz des Buches ist nur zwischen den Zeilen zu lesen: dort allerdings deutlich genug. Der sehr einfache, persönlich geprägte, sug-
gestive Stil hat Elemente des Märchenhaften, Legendären. Auch die
25 erregende Kriminalgeschichte, welche die äußere Handlung beherrscht, – die Mordtat eines Knaben, und alle Verwicklungen, die
sich aus ihr ergeben, – hat, bei aller Plastik und Exaktheit der Darstellung etwas Gespenstisches, Traumhaftes. Das tiefe Grauen, das
Horváth im Leser zu erzeugen weiß, ist dem verwandt, das manche
30 Erzählungen deutscher Romantiker, etwa von E. T. A. Hoffmann
oder Tieck, für immer in uns zurücklassen. Die Wirkung der zeitkri-
tischen, ja, politisch-polemischen Tendenzen, die Horváths Prosa-
Dichtung enthält, wird durch diese intensive Lyrik des Vortrages
nicht abgeschwächt, sondern bedeutend erhöht.

Aus: Klaus Mann: Ödön von Horváth †. In: Das Neue Tage-Buch (Paris) Jg. 6 Nr. 24,
11. Juni 1938 – © 1990. Rowohlt Verlag GmbH, Reinbek
Zit. nach: Keufgens, Norbert. Ödön von Horváth: Jugend ohne Gott. Erläuterungen
und Dokumente. Verlag Philipp Reclam jun. Stuttgart 2006, S. 91–93

Franz Werfel[1]: Vorwort zur Erstausgabe von Horváths „Ein Kind unserer Zeit" (1938)

„Es gibt naive Talente, für die Vergeistigung und moralisches Bewusstwerden eine entscheidende Gefahr bedeuten. Horváths Natur, obgleich durchaus naiv, ist dieser Gefahr entgangen. Seine Kraft der Durchdringung und Enthüllung hat sich im Gegenteil
5 durch jene Erkenntnis von der Schuld vervielfacht. Die zwei Romane [Jugend ohne Gott und Ein Kind unserer Zeit] überragen deshalb alles, was er geschaffen hat. Es wäre freilich ungehörig, ihnen den Rang vollendeter epischer Kunstwerke zubilligen zu wollen. Diesen Rang besitzen sie keineswegs. Ihre Bedeutung liegt
10 nicht in der künstlerischen Vollkommenheit, sondern in der einmaligen, unverbrauchten Art, wie ein fast voraussetzungsloser Mensch zum Grauen vor der Gegenwart und zur religiösen Schuld-Erkenntnis der absoluten Lieblosigkeit erwacht. [...] Die fragmentarische Leistung jedoch genügt schon, um zu ahnen,
15 dass dieser Dichter dazu geboren war wie kein andrer, dem deutschen Roman die erschöpfende ‚Dämonologie des Kleinbürgertums' zu schenken. ‚Jugend ohne Gott' und ‚Ein Kind unserer Zeit' wären vermutlich die ersten Bände dieser Dämonologie geworden.
20 Der Kleinbürger, wie ihn Horváth schildert, ist weniger der Angehörige einer Klasse, als der dumpf-gebundene, dem Geiste widerstrebende, als der schlechthin *verstockte Mensch*. Während der sozial Tiefer- und auch der Höherstehende [...] der Wahrheit sich öffnen, kämpft der erbitterte Mittelmensch um den Bestand der
25 Lüge, denn ohne sie geht er zugrunde. Er ist der Statthalter des Teufels auf Erden, ja der Teufel selbst. [...] Mit unerbittlicher Folgerichtigkeit stellt sich dieser Typus in der Ich-Erzählung selbst dar. Horváth zeigt mit der leichten Hand, die seinen Stil auszeichnet, die politische Ursache und Konsequenz. Auf dem verstock-
30 ten Menschen, der um den Bestand der Lüge kämpft, beruht alle kollektive Teufelei. Mit ihm stehen und fallen die totalen Despo-

---

[1] deutschsprachiger Schriftsteller (1890–1945)

tien[1]. Von der Kälte seines Herzens geht der große Weltwinter aus, der die Zeit lähmt."

Franz Werfel: Vorwort. In: Ödön von Horváth: Ein Kind unserer Zeit. Roman. Amsterdam: Allert de Lange 1938, S. IV–VI

Zit. nach: Keufgens, Norbert. Ödön von Horváth: Jugend ohne Gott. Erläuterungen und Dokumente. Stuttgart: Verlag Philipp Reclam jun. 2006. S. 93 f.

---

[1] Gewaltherrschaft

3. Zeitgeschichtlicher Hintergrund

Mit ihrer rigorosen Politik griffen die Nationalsozialisten in fast alle Bereiche des öffentlichen und häufig auch privaten Lebens ein. Die folgenden Texte geben einen Einblick in die von Zensur geprägte Kulturpolitik der Nationalsozialisten und beschreiben Facetten der systematischen Indoktrinierung Jugendlicher, wie sie in Jugendorganisationen und Wehrertüchtigungslagern praktiziert wurde. Hitlers Ziel war die ideologische „Gleichschaltung" der Gesellschaft, die nichts anderes kennen und verfolgen sollte als nationalsozialistische Interessen.

Nationalsozialistische Kulturpolitik

Nach der Reichstagswahl vom 5. März[1], in der die Nationalsozialisten ihre Mandate auf 44 % erhöhen konnten, fühlten sie sich stark genug, den kulturellen Bereich nach ihren Vorstellungen zu organisieren. In seiner Regierungserklärung vom 23. März 1933 fasste
5 Hitler die kulturellen Ziele seiner Regierung wie folgt zusammen: „Gleichlaufend mit der politischen Entgiftung unseres öffentlichen Lebens wird die Reichsregierung eine durchgreifende moralische Sanierung des Volkskörpers vornehmen. Das gesamte Erziehungswesen, Theater, Film, Literatur, Presse, Rundfunk, sie werden alle
10 Mittel zu diesem Zweck sein." In der Praxis bedeutete dies, dass nach dem Verbot der kommunistischen und sozialdemokratischen nun auch die bürgerliche Presse in die Schusslinie der neuen Machthaber geriet. Zeitungen und Zeitschriften, die sich dem neuen Kurs nicht einfügten, wurden kurzerhand verboten; die übrigen
15 wurden durch Drohungen, Entlassungen, Verhaftungen und wirtschaftliche Sanktionen zur Anpassung gezwungen.
Neben der Gleichschaltung[2] der Presse traten schon sehr bald Maßnahmen gegen Schriftstellerorganisationen. Der „Schutzverband deutscher Schriftsteller" (SDS) wurde als Erster „gesäubert".
20 Dabei konnten sich die Nationalsozialisten auf Gefolgsleute innerhalb des Verbandes stützen, die schon in der Weimarer Republik

---

[1] 5. März 1933
[2] gleichschalten: ideologisch auf Linie bringen

eine interne Opposition gebildet hatten. Mitglieder der „Arbeitsge-
meinschaft nationaler Schriftsteller", die seit 1931 existierte, über-
nahmen die Führungsrolle im SDS und begannen umgehend mit
der von Hitler geforderten „Entgiftung". Alle Mitglieder wurden auf
5 ihre politische Zuverlässigkeit im Sinne der neuen Machthaber
überprüft, liberale und linke Mitglieder kurzerhand ausgeschlossen; im Mai wurde der leitende Redakteur des *Völkischen Beobach-
ters* neuer Vorsitzender des SDS, seine Mitglieder mussten sich
durch Unterschrift zum nationalsozialistischen Staat bekennen.
10 Im Juli 1933 wurde der SDS in den im Juni gegründeten „Reichsverband Deutscher Schriftsteller" (RDS) überführt.
Zur gleichen Zeit wurde die Preußische Akademie der Künste, Sektion Literatur, deren Vorsitzender Heinrich Mann im Februar unter
fadenscheinigen Gründen zum Rücktritt gezwungen worden war,
15 gleichgeschaltet; Mitglieder der Sektion konnten nur diejenigen
bleiben, die eine von Gottfried Benn konzipierte Loyalitätserklä-
rung dem faschistischen Staat gegenüber abzugeben bereit waren.
Thomas Mann und Ricarda Huch erklärten daraufhin ihren Austritt, andere wurden zwangsweise ausgeschlossen, weil sie die ge-
20 forderte Erklärung entweder nicht unterschreiben wollten oder
aber als Juden unerwünscht waren. An die Stelle der Ausgetretenen
und Ausgeschlossenen rückten überzeugte Nationalsozialisten
wie Grimm, Blunck, Johst, Kolbenheyer und Vesper. Umbesetzt
wurde auch die deutsche Sektion des Internationalen PEN-Clubs.
25 Der alte Vorstand wurde zum Rücktritt gezwungen und durch einen neuen, „zuverlässigen" Vorstand ersetzt; politisch unliebsame
Mitglieder wurden ausgeschlossen. Auf die Gründung einer zweiten deutschen Sektion von ausgeschlossenen, im Exil lebenden
Autoren reagierte die innerdeutsche Sektion mit ihrem Austritt aus
30 dem Internationalen PEN-Club. Die programmatische Gegengrün-
dung einer „Union nationaler Schriftsteller", die von Johst und
Benn geführt wurde, war jedoch wenig erfolgreich.
Eine neue Stufe erreichte der Terror gegen oppositionelle Schriftsteller mit der Bücherverbrennung. Am 26. April 1933 erschien in der
35 Berliner *Nachtausgabe*, einer Zeitung, die dem für Hitlers Machtergreifung maßgeblichen Hugenberg-Konzern gehörte, eine Liste „ver-
brennungswürdiger" Bücher. Diese Veröffentlichung war Auftakt für

eine Fülle von sogenannten schwarzen und weißen Listen, auf denen die missliebigen bzw. genehmen Autoren aufgeführt waren. Am 10. Mai kam es in ganz Deutschland zu einer beispiellosen Bücherverbrennung, die entgegen weitverbreiteter Meinung keine planlose oder spontane Aktion der Bevölkerung darstellte, sondern eine „zeitlich gesteuerte, organisatorisch exakt geplante Kampagne" (H. A. Walter) gewesen ist. In feierlichen, ritualisierten Veranstaltungen wurden die Werke vieler bedeutender und prominenter Autoren „den Flammen übergeben". Führende Nationalsozialisten wie Goebbels und prominente Literaturprofessoren hielten die Reden. Das Heine-Wort, „Wo man Bücher verbrennt, verbrennt man am Ende gar auch Menschen", sollte schon bald schreckliche Realität werden. Wenige Tage später veröffentlichte das *Börsenblatt für den deutschen Buchhandel* eine erste amtliche Liste von Büchern, die aus öffentlichen Bibliotheken entfernt werden sollten. Diese Liste umfasste 131 Autoren und wurde regelmäßig auf den neuesten Stand gebracht.

Durch das Reichskulturkammergesetz vom 22. September 1933 schließlich fand die Reglementierung des kulturellen Lebens ihre gesetzliche Basis. Unter der Aufsicht von Goebbels traf die am 15. November 1933 eingerichtete Reichskulturkammer im Reichsministerium für Volksaufklärung und Propaganda in Zukunft die Entscheidung darüber, wer sich kulturell betätigen durfte und wer nicht. Unterstützt wurde sie dabei von der Reichsschrifttumskammer unter dem Vorsitz von Blunck, später von Johst, die ihren Mitgliedern den Nachweis „arischer" Abstammung und ein Treuegelöbnis gegenüber dem nationalsozialistischen Staat abverlangte. In der Praxis bedeutete dies für jüdische und politisch andersdenkende Autoren Berufsverbot. Ergänzt wurde die staatliche Beaufsichtigung durch drei verschiedene Zensurbehörden, durch die Schrifttumsabteilung im Propagandaministerium, die Reichsstelle zur Förderung des deutschen Schrifttums, die von Rosenberg persönlich geleitet wurde, und die parteiamtliche Prüfungskommission zum Schutz des NS-Schrifttums. Durch das formelle Kritikverbot vom 27. November 1936 und die administrative Ersetzung der „zersetzenden Kritik" durch die „fördernde Betrachtung" wurden schließlich die letzten Reste eines literarischen Lebens beseitigt.

Aus: Deutsche Literaturgeschichte. Von den Anfängen bis zur Gegenwart. Vierte, überarbeitete Auflage. Stuttgart: J.B. Metzlersche Verlagsbuchhandlung 1992, S. 387 ff.

Adolf Hitler: Über die Erziehung der Jugend

[...] Meine Pädagogik ist hart. Das Schwache muss weggehämmert werden. In meinen Ordensburgen wird eine Jugend heranwachsen, vor der sich die Welt erschrecken wird. Eine gewalttätige, herrische, unerschrockene, grausame Jugend will ich. Jugend muss das alles
5 sein. Schmerzen muss sie ertragen. Es darf nichts Schwaches und Zärtliches an ihr sein. Das freie, herrliche Raubtier muss erst wieder aus ihren Augen blitzen. Stark und schön will ich meine Jugend. Ich werde sie in allen Leibesübungen ausbilden lassen. Ich will eine athletische Jugend. Das ist das Erste und Wichtigste. So
10 merze ich die Tausende von Jahren der menschlichen Domestikation[1] *aus*. So habe ich das reine, edle Material der Natur vor mir. So kann ich das Neue schaffen.
Ich will keine intellektuelle Erziehung. Mit Wissen verderbe ich mir die Jugend. Am liebsten ließe ich sie nur das lernen, was sie ihrem
15 Spieltriebe folgend sich freiwillig aneignen. Aber Beherrschung müssen sie lernen. Sie sollen mir in den schwierigsten Proben die Todesfurcht besiegen lernen. Das ist die Stufe der heroischen Jugend. Aus ihr wächst die Stufe des Freien, des Menschen, der Maß und Mitte der Welt ist, des schaffenden Menschen, des Gott-
20 menschen. In meinen Ordensburgen wird der schöne, sich selbst gebietende Gottmensch als kultisches Bild stehen und die Jugend auf die kommende Stufe der männlichen Reife vorbereiten [...]

Adolf Hitler: [...] Meine Pädagogik. In: Walther Hofer (Hrsg.): Der Nationalsozialismus. Dokumente 1933–1945. Frankfurt a. M.: Fischer Verlag 1957 (Fischer Bücherei 172), S. 88

Alltag in der Hitler-Jugend[2]: Jetzt heißt die Parole zackig, zackig

Melita Maschmann beschreibt die „Inhaltslosigkeit" und „Langweiligkeit" des HJ-Betriebs. Trotz unerfüllter Erwartungen machte sie weiter mit:

---

[1] eigentlich: Umzüchtung wilder Tiere zu Haustieren, hier auch: Zähmung
[2] Hitler-Jugend: Jugend- und Nachwuchsorganisation der Nationalsozialistischen Deutschen Arbeiterpartei NSDAP

„... da meine Eltern mir nicht erlaubten, Mitglied der Hitler-Jugend zu werden, wurde ich es heimlich. Für mich begann jetzt meine private ‚Kampfzeit'. Ich holte nach, was meine neuen Kameraden und Kameradinnen vor 1933 geleistet hatten: die unter persön-
5 lichen Opfern erkaufte Zugehörigkeit zur nationalsozialistischen Jugend. Um es vorwegzunehmen: Was zunächst auf mich wartete, war eine bittere Enttäuschung, deren Ausmaß ich mir nicht einzugestehen wagte. Die Heimabende, zu denen man sich in einem dunklen und schmutzigen Keller traf, waren von einer fatalen In-
10 haltslosigkeit.
Die Zeit wurde mit dem Einkassieren der Beiträge, mit dem Führen unzähliger Listen und dem Einpauken von Liedertexten totgeschlagen, über deren sprachliche Dürftigkeit ich trotz redlicher Mühe nicht hinwegsehen konnte. Aussprachen über politische Texte – et-
15 wa aus ‚Mein Kampf' – endeten schnell in allgemeinem Verstummen. Unsere Gruppenführerin war Verkäuferin in einem Optikgeschäft ...
In besserer Erinnerung sind mir die Wochenendfahrten mit den Wanderungen, dem Sport, den Lagerfeuern und dem Übernachten
20 in Jugendherbergen. Gelegentlich gab es dabei Geländespiele mit benachbarten Gruppen. Wenn zwischen ihnen Rivalitäten bestanden, artete das Spiel manchmal in zünftige Prügeleien aus. Was für einen Anblick die sich um einen Wimpel[1] raufenden Mädchen einem Außenstehenden geboten haben mögen, will ich mir lieber
25 nicht ausmalen.
Aber selbst der Fahrtenbetrieb versöhnte mich nicht mit der Langweiligkeit des übrigen ‚Dienstes'. In meiner Gruppe war ich das einzige Mädchen, das eine höhere Schule besuchte. Die anderen waren Verkäuferinnen, Büroangestellte, Schneiderinnen und
30 Dienstmädchen. Mein Wunsch, in die Gemeinschaft der ‚arbeitenden Jugend' aufgenommen zu werden, hatte sich also erfüllt. Dass die Erfüllung eine schmerzhafte Enttäuschung war, erklärte ich mir folgendermaßen: Diese Mädchen entstammten dem Kleinbürgertum und blickten neidvoll auf die ‚höheren Töchter', denen
35 ich zu entrinnen trachtete. Sie waren nicht die Gefährtinnen, die

---

[1] kleine Fahne, meist in dreieckiger Form

ich suchte, nämlich ‚Jung-
arbeiterinnen'. Der Aus-
druck ist jetzt weniger
gebräuchlich. Damals be-
5 zeichnete er die jungen
Fabrikarbeiterinnen, von
denen ich annahm, dass
sie kein kämpferisches
Klassenbewusstsein hät-
10 ten, und um deren Ab-
werbung vom Kommu-
nismus ich für die Volks-
gemeinschaft ringen
wollte. Ich hatte mich mit
15 der ‚Arbeiterdichtung' beschäftigt und neigte dazu,
diese Fragen zu romanti-
sieren ...“

KOMM ZU UNS!

DEUTSCHES JUNGVOLK
IN DER HITLER-JUGEND

Werbeplakat für das Jungvolk in der
Hitler-Jugend

Melita Maschmann, die
20 ihr Buch als Brief an eine

jüdische Freundin geschrieben hat, fährt dann fort:
„Wie ahnungslos ich damals in Bezug auf die eigentlichen Intenti-
onen des Nationalsozialismus war, geht daraus hervor, dass ich
Dich bestürmte, unserer Gruppe beizutreten. Ich wusste, dass Du
25 Jüdin bist und dass die Partei gegen die Juden war. Aber schließlich
gehörte meine Gruppe ja ‚nur halb' zur Hitler-Jugend ... Du lehn-
test ab, und wir stritten uns wieder einmal über Deinen ‚Individualismus'. Dass Du vermutlich abgelehnt hast, weil Du die schärfere
Witterung für das hattest, was auf uns zukam, begriff ich erst viele
30 Jahre später ...
Ich war das, was man ein ‚Märzveilchen' (spöttisch für jene, die vor
dem für April angekündigten Aufnahmestopp schnell noch der Partei
beitraten) nannte: Mein (zunächst heimlicher) Eintritt in die Hitler-
Jugend datierte vom 1. März 1933, und alle anderen Führungsstellen
35 waren mit sogenannten ‚alten Kämpfern' besetzt. Sie zu respektieren
und zu bewundern war ich fraglos bereit, aber in der Praxis ergaben
sich Schwierigkeiten. Die wenigsten von ihnen gefielen mir. Eben

weil ich ein Märzveilchen und noch dazu Oberschülerin war, behandelten sie mich mit Herablassung und ließen mich deutlich spüren, dass ich nicht zu ihnen gehörte. Sie waren zum Teil von einer peinlichen Grobschlächtigkeit und Primitivität und entsprachen – ich
5 stellte es bekümmert fest – dem Bild, das meine Mutter von ‚Proleten‘ zu entwerfen pflegte. Eine Ausnahme, zum Glück nicht die einzige, bildete Johanna, meine Untergauführerin[1]. Auch sie stammte aus ‚kleinen Verhältnissen‘ und hatte, was mich an meiner Vorgesetzten natürlich schmerzte, keine ausgeprägten geistigen Interes-
10 sen. Aber sie glaubte an die Ideale der nationalen Erneuerung, für die sie temperamentvoll eintrat, und sie hasste menschliche Unanständigkeiten. Ihre Umgangsformen waren nicht zimperlich. Wenn wir zum Appell angetreten waren und im Glied geschwätzt wurde, brüllte sie laut ‚Schnauze!‘ Dann war es sofort still.
15 Johannas Eltern hatten eine kleine Gastwirtschaft, die der SA seit Jahren als Versammlungslokal diente. Während sie und ihre etwas jüngere Schwester noch Kinder waren, wurden manchmal nachts plötzlich ein Dutzend Pistolen unter die Matratzen ihrer Betten geworfen, weil eine Polizeirazzia in Sicht war. (Derlei Anekdoten
20 wurden jedenfalls unter den BDM[2]-Führerinnen erzählt.)
Die raue, lärmende Umwelt dieses Lokals hatte auf Johanna abgefärbt. Sie ließ uns manchmal in Dreierreihen über den Kurfürstendamm marschieren und einen Teil der Strecke im Laufschritt zurücklegen. Dabei sollten wir möglichst laut trampeln. ‚Hier wohnen
25 die reichen Juden‘, sagte sie, ‚die sollen ruhig mal ein bisschen im Mittagsschlaf gestört werden.‘
Ihre Auflehnung gegen das ‚System von Weimar‘ hing damit zusammen, dass ihre Familie nach dem Weltkrieg aus der westpreußischen Heimat vertrieben worden war und dass die Reichsregie-
30 rung sich mit der Grenzziehung von 1919 abzufinden schien ...
Genau erinnere ich mich daran, dass ich Dir unbefangen von allen meinen Erlebnissen in der Hitler-Jugend erzählte und dass Du mir mit der gleichen Unbefangenheit von dem berichtetest, was Deine

---

[1] Gau: Bezeichnung für eine Verwaltungseinheit, einen Landstrich oder
    eine Organisationsregion
[2] Bund Deutscher Mädel (weiblicher Zweig der Hitler-Jugend)

Geschwister in ihrer Jugendgruppe erlebten. Sie gehörten zur ‚bündischen Jugend‘, die von den Nationalsozialisten schonungslos bekämpft wurde. Der Führer dieser Gruppe war unter dem Spitznamen Tusk bekannt. Damals hieß es – und soviel ich mich entsinne,
5 entsprach das allem, was Du mir von ihm erzähltest –, dass er kommunistische Tendenzen habe. Unter den Bündischen war er für die Hitler-Jugend der Feind Nummer eins. Eines Tages erfuhr ich von Dir, dass viele Freunde Deiner Brüder mit ihrer Gruppe geschlossen zur Hitler-Jugend übergetreten seien. Tusk selbst war damals wahr-
10 scheinlich schon untergetaucht oder verhaftet. Das bestätigte mir etwas, worüber ich in der Hitler-Jugend häufig hatte klagen hören: die Unterwanderung der nationalsozialistischen Jugend durch bündische und sogar durch kommunistische Elemente. Wahrscheinlich war es dieser Umstand, der mich veranlasste, über meine unklare
15 Situation nachzudenken. Allmählich empfand ich ihre Zwiespältigkeit als unsauber und belastend. Ich kam zu dem Schluss, dass es nicht möglich sei, nationalsozialistische Jugendführerin zu sein und Freundschaft mit einer jüdischen Familie zu halten, deren Söhne einer illegalen bündisch-kommunistischen Gruppe angehörten.
20 Nach und nach entfernte ich mich auch äußerlich dadurch von Dir, dass ich meine letzte freie Minute in den Dienst der Hitler-Jugend stellte. Innerlich hatte ich immer weniger Spielraum für Dinge, die nicht mit diesem Dienst zusammenhingen."

Aus: Harald Focke/Uwe Reimer: Alltag unterm Hakenkreuz. Wie die Nazis das Leben
25 der Deutschen veränderten. Ein aufklärendes Lesebuch. Reinbek bei Hamburg:
Rowohlt Taschenbuch Verlag 1979, S. 41–43

Schießen, tarnen, exerzieren: Die Kriegsjugend im Wehrertüchtigungslager

Mit fortschreitender Dauer des Krieges wurden immer jüngere Jahrgänge zum Wehrdienst eingezogen: Die HJ richtete Wehrertüchtigungslager (WE) ein, die Vorstufe zum Fronteinsatz.

„Bublitz, den 20. Juli 1943
5 ... Die Einberufung kam ganz plötzlich. Ich hatte mich sooo auf die Sommerferien gefreut, da kam der Bescheid, dass ich mich zur vormilitärischen Ausbildung am 18. Juli in Bublitz einzufinden hätte ...

Gestern hatte ich gleich Torwache. Das Lager ist von einem hohen
Stacheldrahtzaun umgeben. Davor steht ein richtiges Schilder-
häuschen. Einer der Wache steht darin, der andere muss patrouil-
lieren. Mein Wachkumpan kam gleich in den Karzer[1]. Er hatte in
5 dem Häuschen unter seinem Regenmantel ein Mädchen versteckt.
Das ist streng verboten. Man will den Vorfall sogar an die Schule
und seinen Eltern melden ...

25. Juli 1943

Erste Woche im WE rum. Heute können wir ein bisschen verpusten
10 nach dem anstrengenden Dienst. Wir trainieren für das HJ-Leis-
tungsabzeichen in Silber und den Reichsschwimmschein. Dazu
Gewehrunterricht, Exerzieren, Kartenlesen, Tarnen, Geländeübungen, Sport ... es reißt nicht ab. Und dann schießen, schießen,
schießen. Und das ist meine schwächste Seite. Beim Abkommen
15 mache ich immer Fehler, besonders den Rückschlag fange ich nicht
richtig auf. Liegend aufgelegt schaffe ich sogar mal eine 10, aber
liegend freihändig heißt es immer wieder ‚Fahrkarte‘! Ich ärgere
mich darüber, denn die anderen lachen mich aus. Gerd hat sehr
gut geschossen, auch Peter. Es ist natürlich zwischen allen Kame-
20 radschaften ein Wettstreit ausgebrochen, jede will die meisten
Punkte haben.
... bei den Fahnensprüchen zum Morgenappell hab ich mich bla-
miert, das heißt mit Peter de Boor zusammen. Weil wir in unserem
Zug die Längsten sind, marschieren wir abwechselnd als Flügel-
25 männer und müssen dadurch die Fahnensprüche sagen, wenn die
Hakenkreuzfahne hochgezogen wird. Das erste Mal habe ich den
Spruch aus der Edda[2] gerufen, den wir im Deutschunterricht lernten: ‚Besitz stirbt, Sippen sterben, du selbst stirbst wie sie! Eins
aber weiß ich, das ewig lebt: der Toten Tatenruhm!‘ ...
30 Weil Peter beim Fahnenappell so gelacht hatte, wurde er nun ab-
kommandiert, den Fahnenspruch zu sagen. Und was schrie er gestern in die Runde? Wir fassten es kaum: ‚Wir Deutschen fürchten
Gott und sonst nichts auf der Welt!‘

---

[1] Arrestzelle
[2] Sammlung altnordischer Götter- und Heldenlieder

Peter musste nach dem Morgenappell gleich zu den beiden Lager-
führern kommen, erst zu dem HJ-Bannführer und dann zu dem
SS-Scharführer. Sie wollten von ihm wissen, was er mit dem Spruch
habe sagen wollen, ob er etwa mit dem „sonst nichts fürchten" die
5 Schleiferei oder gar die SS gemeint habe. Peter hat ihnen erklärt,
dass dieser Ausspruch von einem der größten deutschen Staats-
männer, von Bismarck, sei. Das wussten die dummen Kerle natürlich nicht. So haben sie ihn laufen lassen.

Heute musste ich zum Bannführer kommen. Er fragte mich nach
10 Peters Vater. Ich sagte ihm, dass ich voriges Jahr von ihm eingeseg-
net worden sei und er jetzt Divisionspfarrer an der Front wäre. Da
schwieg er beschämt, nachdem er bei dem Wort ‚Pastor' zuerst
‚Aha!' gesagt hatte ...

Bublitz, den 1. August 1943
15 Heute haben wir sogar Ausgang, damit wir uns einmal das Städt-
chen ansehen können, das wir sonst nur vom Durchmarschieren
und von den Geländeübungen und Nacht-Biwaks kennen."

Aus: Harald Focke/Uwe Reimer: Alltag unterm Hakenkreuz. Wie die Nazis das Leben
der Deutschen veränderten. Ein aufklärendes Lesebuch. Reinbek bei Hamburg:
Rowohlt Taschenbuch Verlag. 1979, S. 62 f.

„Und setzet ihr nicht das Leben ein":
Schulungsplan für Wehrertüchtigungslager

I. Unsere Feinde

1. Woche:

1. Schulungsstunde: Die Ursachen des Krieges
2. Schulungsstunde: Das Judentum
3. Schulungsstunde: Der Bolschewismus[1]
4. Schulungsstunde: Das anglo-amerikanische Weltherr-
                      schaftsstreben
5. Heimabend: Unser Freiheitskampf

---

[1] ehemals von der kommunistischen Partei der Sowjetunion vertretene politische Weltanschauung, die sich auf die Lehren von Lenin, Trotzkij, Sta-
lin u. a. bezieht

II. Unsere Weltanschauung

<u>2. Woche:</u>

1. Schulungsstunde: Der Rassengedanke
2. Schulungsstunde: Der Rassengedanke
3. Schulungsstunde: Das Volk
4. Schulungsstunde: Fremdvolkpolitik
5. Heimabend: Gedenke, dass du ein Deutscher bist

<u>3. Woche:</u>

1. Schulungsstunde: Unser Sozialismus
2. Schulungsstunde: Persönlichkeit und Kampf
3. Schulungsstunde: Rein bleiben und reif werden
4. Schulungsstunde: Kamerad und Kameradin
5. Heimabend: Wer leben will, der kämpfe

III. Unser Führer

<u>4. Woche:</u>

1. Schulungsstunde: Unsere Weltanschauung
2. Schulungsstunde: Das Leben des Führers
3. Schulungsstunde: Das Leben des Führers
4. Schulungsstunde: Das Werk des Führers
5. Heimabend: Führer und Gefolgschaft

<u>5. Woche:</u>

1. Schulungsstunde: Die Geschichte der NSDAP
2. Schulungsstunde: Aufbau und Aufgabe der NSDAP
3. Schulungsstunde: Die Geschichte und Aufgabe der Hitler-Jugend
4. Schulungsstunde: Die Leistung der Hitler-Jugend
5. Heimabend: Und setzet ihr nicht das Leben ein

IV. Unser Reich

<u>6. Woche:</u>

1. Schulungsstunde: Der Kampf um das Reich
2. Schulungsstunde: Der Kampf um das Reich
3. Schulungsstunde: Der Kampf um den Osten
4. Schulungsstunde: Das Reich als Aufgabe
5. Heimabend: Wir tragen und bauen das Reich

Aus: Focke, Harald/Reimer, Uwe: Alltag unterm Hakenkreuz. Wie die Nazis das Leben der Deutschen veränderten. Ein aufklärendes Lesebuch. Rowohlt Taschenbuch Verlag. Reinbek bei Hamburg 1979, S. 67 f.

4. Schule in der ersten Hälfte des 20. Jahrhunderts: Autobiografische und literarische Zeugnisse

Wer zur Zeit des nationalsozialistischen Regimes in Deutschland die Schule besuchte, wurde unweigerlich auf die eine oder andere Weise mit der sich immer weiter verbreitenden totalitären Ideologie konfrontiert. In den folgenden Texten beschreiben zunächst die Schriftsteller Hans Bender (1919–2015), Wolfdietrich Schnurre (1920–1989), Siegfried Lenz (1926–2014) und der Germanist Peter Wapnewski (1926–2012), wie sie ihre Schulzeit im Dritten Reich erlebt haben.

Anschließend vermitteln Textauszüge aus Alfred Anderschs „Der Vater eines Mörders" und Robert Walsers Tagebuchroman „Jakob von Gunten" literarisierte Eindrücke zu Schulerfahrungen und Lehrerbildern in der ersten Hälfte des 20. Jahrhunderts. Alfred Anderschs „Schulgeschichte" „Der Vater eines Mörders" ist zwar erst 1980 erschienen, spielt sich jedoch im Mai 1928 ab. Im hier vorliegenden Textauszug, dem Beginn des Romans, betritt Oberstudiendirektor Himmler, der Vater des späteren SS-Reichsführers Heinrich Himmler, den Klassenraum des Schülers Franz Kien. In „Jakob von Gunten", 1909 erstmals erschienen, schildert der gleichnamige Protagonist seine Erlebnisse in der Knabenschule „Benjamenta", in der junge Schüler zu Dienern ausgebildet werden.

Erste Klasse in einer Dresdener Schule, 1930

Schule im Dritten Reich: Erinnerungen deutscher Schriftsteller

Hans Bender: Willst du nicht beitreten?

Mitten im Hof stand ein Fahnenmast. Da hissten am Morgen uniformierte Jungen die Hakenkreuzfahne und holten sie am Abend ein. Ein Teil der Schüler gehörte dem „Jungvolk" und der „Hitlerjugend" an; mehr Schüler der Realabteilung als der humanistischen
5 Gymnasialabteilung. Auf dem Sportplatz hinter den Schulgebäuden vollzogen sie ihre größeren Zeremonien. Da gab es Aufmärsche, wenn die Fähnlein oder die Banne zusammenkamen: Trommeln wurden geschlagen, Fanfaren geblasen, Gedichte und Kantaten rezitiert und Sonnenwendfeuer abgebrannt. In den Kellerräumen
10 hielten sie ihre Heimabende. An den Wochenenden zogen sie aus zu Geländespielen. Ab und zu kam ein Gesandter der HJ und fragte: „Willst du nicht beitreten?" Ein Unterbannführer hatte in einer Rede über den Platz geschrien, um die, die nicht dazugehörten, zu schmähen: „Ich hasse diese durchgeistigten Ge-
15 sichter!"
Gab es Spannungen zwischen den organisierten und nichtorganisierten Schülern? Feindschaft zwischen den geistlichen Herren und den Schülern, die als Anführer sich hervortaten? Ich glaube nicht. Die Schulleitung passte sich an. Die „Heimschule Lender",
20 sagte man, sei „die letzte Privatschule mit staatlichem Abitur". Also musste ihre Leitung darauf achten, dass sie nicht verboten oder enteignet wurde. Auch wir, die nichtorganisierten Schüler, hatten teilzunehmen, wenn beim „Gemeinschaftsempfang" im Speisesaal die Führer-Reden übertragen wurden. Wir hatten, wenn die
25 Lehrer das Klassenzimmer betraten, die Hand zu heben, „Heil Hitler!" zu sagen oder zu brüllen; wie der jeweilige Lehrer es wünschte.
Der Lateinlehrer spickte die Texte, die ins klassische Latein zu übersetzen waren, mit aktuellen Vorgängen; immer wieder mit den Sie-
30 gen, die der Duce[1] und seine Generäle eben auf den Schlachtfeldern von Abessinien errangen. Der Erdkundelehrer brachte uns bei, das

---
[1] Benito Mussolini (1883–1945), Diktator Italiens von 1922–1943

ganze Mittelmeer gehöre rechtens den Italienern – so wie uns
Deutschen der Osten gehöre. Der Biologielehrer zeigte Lichtbilder,
die uns den Unterschied der Rassen beweisen sollten, und selbstverständlich war die semitische die verachtenswerteste. Der glei-
5 che Biologielehrer führte uns in die Anstalt für Unheilbare, die
„Hub", wo die irre redenden, geifernden, triefenden Kranken – arme, zum Tod bestimmte Geschöpfe – uns Schüler überzeugen
sollten, wie berechtigt es war, die „Euthanasie"[1] zu vollziehen.
Auch wir, Heinz und ich, die sich gern absonderten, die nicht für
10 die HJ sich gewinnen ließen, waren infiziert von den Bazillen, die
umherflogen. Wir bockten auf, wir witzelten über Goebbels-Reden
und verachteten die Nazi-Barden und waren doch fast der gleichen
Meinung wie die Mehrheit. Und hat nicht auch die Literatur dabei
mitgewirkt, die gängige und die, die im „Inneren Reich" zu Wort
15 kam? Wir waren empört, als es an den Grenzen der Tschechoslowakei zu „Übergriffen" kam. Einen Krieg wünschten wir uns – ich
noch mehr als Heinz – damals schon in den Tagen der „Tschechen-
krise". Wir schwiegen, als ein externer Schüler der Parallelklasse
nicht mehr in die Schule kommen durfte, weil er ein „Halbjude"
20 war. Wir schauderten ein wenig, als man erzählte, in den Städten
ständen die Synagogen in Flammen.
Wir waren selig – und es galt für alle meine Mitschüler –, als bekannt wurde, man werde uns ein Jahr der Schulzeit „schenken"; die
neun Jahre, die bisher im humanistischen Gymnasium festgesetzt
25 waren, würden abgekürzt, weil andere Tätigkeiten nun wichtiger
waren als zu lernen und Wissen anzusammeln. Hatten wir nicht
selber gezweifelt, ob es einen Sinn habe, mit Latein und Griechisch
sich zu plagen? Tote Sprachen. Wie weit wir, auch ohne Organisa-
tion, fortgeschritten waren in unserer Zustimmung dessen, was
30 geschah und was alle anderen dachten, bewies endgültig das Abitur, mit dem uns die Schule zu Ostern 1939 verabschiedete.
Am Pult saß der „Kommissar"; ein Abgesandter der Schulbehörde
in Karlsruhe. An seinem Revers blinkte das Parteiabzeichen. Er
passte auf, ob das Abitur der „letzten Privatschule" es noch ver-
35 diente, „staatlich anerkannt" zu werden. Passte auf, ob wir uns den

---

[1] im Nationalsozialismus Vernichtung „lebensunwerten Lebens"

„Geist", den er vertrat, zu eigen gemacht hatten. Er blickte freundlich, als ich in Geschichte drankam und so geläufig die Schlacht von
Tannenberg in allen ihren dramatischen Phasen darstellen konnte.
Er half mir, in der Mathematik-Prüfung ein paar richtige Antworten
5 zu geben, sodass unser Lehrer hinterher die Ungenügend, die ich
im Schriftlichen zu erwarten hatte, mit einer Genügend im Mündli-
chen addieren und zu einer mittleren Note, die ausreichte, dividie-
ren konnte. Ich hatte ein leeres Blatt abgegeben. Obgleich wir es
vorher geübt hatten und die Formel dastand, ich hatte es gar nicht
10 versucht, „Das Gewicht des Mondes in Gramm" zu errechnen.
Als Prüfung in Deutsch hatten wir drei Themen zur Auswahl: „Die
Humanität[1] in Goethes Iphigenie" – „Ist die Euthanasie berechtigt?" – „Österreichs Heimkehr ins Reich". Nicht die übergeord-
nete Schulbehörde hatte die Themen vorgeschlagen – von ihr hätte
15 man es erwarten können –, sondern die Lehrer unserer Schule.
Konsequent hatten sie uns vorbereitet auf diese blasphemische[2]
Konstellation. Ich weiß nicht, für welches Thema die einzelnen
Schüler sich entschlossen haben. Keiner jedoch hätte die Fragen,
die im zweiten und dritten Thema zu beantworten waren, zu ver-
20 neinen gewagt. Ich habe das dritte Thema gewählt. Da konnte ich
meine Kenntnis der österreichischen Literatur einbringen.
Alle bestanden das Abitur. Wir hatten es verdient. Wir waren präpa-
riert für die Zeit, die den Schuljahren folgte, und die uns noch tiefer
hineinriss in die Schuld und das Unglück unserer Generation.

Aus: Meine Schulzeit im Dritten Reich. Erinnerungen deutscher Schriftsteller. Hrg.
von Marcel Reich-Ranicki. München: Deutscher Taschenbuch Verlag. 4., erweiterte
Neuauflage 1993, S. 37–39

Wolfdietrich Schnurre: Gelernt ist gelernt

Ich bin von 1928 bis 1934 im Nordosten Berlins, in Weißensee,
einem Arbeiterviertel, auf eine sogenannte Weltliche Volksschule
gegangen. „Weltliche Schule" hieß, dass es keinen Religionsunter-
richt gab. Wir hatten Lebenskunde stattdessen; und da wir keine
5 parteilosen Lehrer hatten, andererseits der Rektor oder wer auch

---

[1] im Sinne der Nationalsozialisten definierte Menschlichkeit
[2] schädlich, schmählich, gotteslästerlich

immer darauf geachtet zu haben schien, dass nur kommunistische oder sozialdemokratische Lehrer rangeholt wurden, konnte man „Lebenskunde" auch mit „Angewandter Politik" übersetzen.

Wer mich da am meisten beeindruckt hat, ist Herr Nitschke gewe-
5 sen; ein sozialdemokratischer Kleinbürger und spießiger Nationa-
list im Grunde. Ich habe mal einen Tadel „wegen Besudelung von Nationalheiligtümern" von ihm bekommen. Grund: Ich hatte im Zeughaus[1] ein Apfelgehäuse ins Mündungsrohr der Dicken Berta[2] geschmissen. Aber Adam hat eben auch einen Tadel „wegen Ver-
10 unglimpfung von Hausangestellten" erhalten. Grund: Er hatte, statt „Dienstmädchen" zu sagen, sich hinreißen lassen, von „Dienstbolzen" zu sprechen. Um es auf einen Nenner zu bringen: Herr Nitschke war ein Gerechter. Politische Gewalt und soziale Un-
gerechtigkeit konnten ihn bis zu anklägerischen Brüllexzessen sich
15 vergessen lassen. Das färbte ab, das riss mit. Wenn einem bis zur Blindheit die Brille beschlug, dann war da was dran an dem, was ihn so sich aufregen ließ.

Und Herr Nitschke war ja sogar noch Alfred Sobota gegenüber gerecht. Alfred war mein Banknachbar, ein kompakter, schwerfäl-
20 liger Junge, dessen Haupthandicap es war, pfiffig auszusehen, oh-
ne es in Wahrheit zu sein. Jedes Nachdenken strengte ihn unglaub-
lich an, und meine schlechte Schrift im Aufsatz rührte meist nur daher, dass Alfreds Zittern sich aufs Pult übertrug. Eines Tages hat es einen Volksauflauf vor der Schule gegeben. Ich dachte an eine
25 interessante Keilerei und drängte mich nach vorn. Doch es war nur Alfred Sobota. Er stand da in einer ganz neuen, nie an ihm wahrge-
nommenen Ruhe und ließ sich betrachten. Er hatte weiße Strümp-
fe, kurze schwarze Hosen und ein schwarzes, an den Kanten weiß paspeliertes[3] Hemd mit schwarzer Krawatte an und trug ein blank
30 gewienertes Koppel[4], dessen Schloss ein Hakenkreuz zierte.

Im Schülerparlament, dem ich als stellvertretender Klassenspre-
cher angehörte, drang man darauf, Alfred zu isolieren; er war im-

---

[1] Aufbewahrungs- und Wartungsraum für Waffen und militärische Aus-
rüstung
[2] Geschütz
[3] eingefasstes
[4] hier: Gürtel

merhin der erste, wenn auch einzige Nazi in der Schule. Doch für
Herrn Nitschke hatte Alfreds Eintritt in die HJ auch noch eine
menschliche Seite. Er fragte Alfred, ohne ihn bloßzustellen, so geschickt nach den Gründen, dass es alle kapierten: Alfred hatte
Selbstbestätigung gebraucht. Herr Nitschke nannte auch, so be-
hutsam wie möglich, den Preis: Man musste gehorchen – bedin-
gungslos. „Die nehmen euch das Denken ab, da die Leute." Alfred
nickte beglückt: Herr Nitschke hatte ins Schwarze getroffen – und
wir wussten Bescheid und waren gewarnt.
Doch auch die anderen Lehrer haben sich nie im Abstrakten bewegt. Ob Geschichte, Erdkunde, Musik, alles war unauffällig an
den politischen facts orientiert. Die Seele der Schule hatte im Rektor Gestalt angenommen. Herr Z. war ein fast zwei Meter großer,
silberhaariger Mann mit grünen Augen und machtvollen schwarzen Brauen. Er war Stadtrat und Sozi, ein großer Menschenfreund
und also auch Schulreformator. Nichts unerträglicher für ihn, als
uns ständig in diesem nach Schweiß, Karbolineum, Kreide und
Quäkerspeise riechenden, gut achtzigjährigen Schulgebäude zu
wissen. Der Neubau der Schule war seine Idee gewesen; und auf
seine Idee hin hatte die Schulbehörde die Planung als Wettbewerb
ausgeschrieben. Herr Z. hatte mit in der Jury gesessen. Und dann,
im Sommer 1932, war es so weit: Der Neubau war fertig. Es war das
modernste Schulgebäude mit den modernsten Klassenräumen,
die es damals in Berlin gab.
Lehrer, Eltern und Schüler feierten den Umzug abends und nachts
in den Terrassen von Heidenheinrich am Oranke-See in Hohen-
schönhausen. Lampions brannten. Alfred Sobota hatte extra wieder seine HJ-Uniform angezogen und war, Schwarz in Schwarz,
kaum zu erkennen; in Herrn Nitschkes Brillengläsern spiegelte
sich zweimal das Feuerwerk wider; und als Rektor Z. sich zu dem
schwimmenden Holzpodest hinrudern ließ, um von dort aus die
Festansprache zu halten, fuhr ein gewaltiger Schatten in einem
Schattenboot hinter ihm her.
Das Wasser trug an diesem Abend wie nie zuvor. Die ganze Ansprache lang war aus einer der ringsum liegenden Laubenkolonien
ein- und dieselbe Grammofonplatte zu hören: „Schöner Gigolo,
armer Gigolo, denke nicht mehr an die Zeiten!" Ein hektisch ausge-

lassener Herr sang es mit blechern scheppernder Stimme. Doch es klang nicht komisch, merkwürdigerweise. Im Gegenteil. „Wenn das man bloß nicht ein mieses Vorzeichen ist", sagte Herr Nitschke und versuchte, an Alfred Sobota vorbeizublicken, der, schwarz und gemütlich, vor ihm saß und mit seinem bitter einstudierten Pfiffigkeitslächeln an einem breitausladenden Weißeglas nippte.

In der neuen Schule war es fantastisch. Im Biologieraum waren etwa vierzig Tierarten untergebracht, von der Gottesanbeterin bis zum Alligator. Die Werkunterrichtsräume hätten auch Fachwerkstätten sein können. Man konnte wählen: Metall, Holz oder Papier, das galt auch für die Mädchen. Ich entschied mich für Papier, denn ich wollte meinem Lieblingsbuch „Sigismund Rüstig" einen neuen Umschlag verpassen.

Die damalige Schulzeit war schön, doch je härter der politische Druck sich auszuwirken begann, desto enger rückte man ideologisch zusammen. In der großen Aula zum Beispiel wurden in ständig dichteren Intervallen sowjetische Revolutionsfilme zwischen den Streifen mit Buster Keaton, Harold Lloyd und Charlie Chaplin gezeigt. Unsere Schulbibliothek hat zuletzt fast nur noch aus lesbar übersetzten russischen Jugendbüchern bestanden, und alle paar Monate wurden „Wanderfahrten" mit russischen Pfadfindern gemacht.

Doch die Versuchungen für einen arbeitslosen Familienvater, der immer kommunistisch gewählt hatte, waren mannigfach und, was die NSDAP betraf, oft genug mit schnell eingelösten Versprechen gekoppelt, die von der kostenlosen SA-Uniform bis zur Arbeitsbeschaffung reichten. An der Berliner Allee hatte sich ein früherer Flickschneider zum Beispiel jetzt ganz aufs Fahnennähen geworfen. Das heißt, die Fahnen brachten die Kunden mit, es sind ausschließlich die ein wenig blass gewordenen roten gewesen. Der Flickschneider hatte drei Nähmaschinen gleichzeitig in Betrieb. Jede nähte in knapp fünf Minuten ein kreisrundes schwarz-weißes Hakenkreuzemblem auf die roten Fahnen. Das sah nun am Wahltag des 5. März gar nicht mehr gut aus, denn wir Deutsche haben ja immer schon gerne Fahnen gehisst, gleichgültig, was die Farbe letztlich besagt.

Inzwischen hatten wir uns auch abgewöhnt, noch Naziplakate von den Zäunen zu kratzen, es waren einfach zu viele; und die herum-

flanierenden SA-Streifenposten hätten auch nicht lange gefackelt:
Schlägereien waren an der Tagesordnung und wurden keineswegs
nur mit den Fäusten, vielmehr mit Schlagring, Totschläger, Stahlru-
te und feststehender Messerklinge ausgetragen.

5 Der Schulhof war längst zum Abbild der herrschenden Verhältnisse
geworden. Alfred Sobotas Fraktion setzte sich schon aus gut dreißig Prozent der Schüler zusammen. Die Lehrer waren alle noch bei
der Stange geblieben, doch sie hatten nicht mehr viel Lust, in „Lebenskunde" noch die aktuelle Politik zu behandeln; wohin die ten-

10 dierte, war 1932 ohnehin jedem klar, selbst denen, die die Entwicklung, ohne sie beeinflussen zu können, nicht wahrhaben wollten,
Herrn Nitschke zum Beispiel.

Doch auch sonst tauchte Verräterisches auf, Zigarettenbilder etwa
mit Uniformträgern drauf; sie wurden in der Schule lebhaft gesam-

15 melt, getauscht. Die Marke, der sie beilagen, nannte sich „Tromm-
ler". Es gab diese Zigarette nur in Dreierpackungen, die alle anderen Dreierpackungen jedoch im Preis unterboten. Es war eine SA-
Zigarette, das heißt, sie wurde – auch an uns übrigens, die wir
damals zu rauchen begannen – vornehmlich in Sturmlokalen[1] ver-

20 kauft, Arbeitslosen allerdings auch umsonst angeboten.

Nach den Märzwahlen wurde die SA zwar kurzfristig noch einmal
verboten. Doch in der Schulklasse hatten bei zweiunddreißig Schülern schon zwölf Väter Hitler die Stimme gegeben. Man merkte es
auch an den Elternabenden und in den Ausschusssitzungen. Frü-

25 her waren immer, da alle Lehrer teilnahmen, auch alle Eltern erschienen. Man kannte und duzte sich. Das hörte jetzt auf. Nichts
lief mehr so richtig, überall klafften Lücken; und nach den Reichs-
tagswahlen im November mussten die Elternabende ganz abge-
sagt werden: Es erschien kaum noch jemand, und Schulisches war

30 ohnehin nicht mehr zu besprechen. Es kam im Augenblick, hatte
man das Gefühl, nur darauf an, zu überwintern, ob man das nun
biologisch oder politisch verstand.

Und dann passierte, was man schon längst befürchtet hatte. Eines
frostigen Februarmorgens, Hitler war keine vierzehn Tage an der

35 Macht, hat eine Hakenkreuzfahne auf unserer schönen Schule ge-

---

[1] Stammkneipe und Treffpunkt einer SA-Gruppe

weht. Wir weigerten uns, den Schulhof zu betreten, und sangen, mit den Lehrern zusammen, die Internationale[1], bis wir heiser zu werden begannen. Noch nie war Herrn Nitschkes Brille so wie an jenem Februarmorgen 1933 beschlagen.

Aus: Meine Schulzeit im Dritten Reich. Erinnerungen deutscher Schriftsteller. Hrg. von Marcel Reich-Ranicki. München: Deutscher Taschenbuch Verlag. 4., erweiterte Neuauflage 1993, S. 67–71

Peter Wapnewski: Meine Schulzeit im Dritten Reich

1

Als das Jahr 1933 anbrach, kam Hitler an die Macht und der kleine Peter aufs Gymnasium. Vorgänge von freilich sehr unterschiedlicher Folgenschwere. Ein schönes Frühjahr, wenigstens im deut-
5 schen Norden. Kiel leuchtete – und tat es auch im Schmuck der vielen Fahnen. Unter denen, die mit dem Hakenkreuz nicht dominierte, noch nicht, es zeigten sich vielmehr froh auch die Farben Schwarz-Weiß-Rot und die alte Reichsmarine-Flagge und das Blau-Weiß-Rot des ungeteilten[2] Schleswig-Holstein. Nur Schwarz-Rot-
10 Gold gab es jetzt auf einmal nicht mehr, und überhaupt hieß es nunmehr Schwarz-Rot-Senf. Auch Sprüche können einen Staat kaputt kloppen.

Ein Jahr zuvor schon war ich in die Bündische Jugend[3] eingetreten, vielmehr ich war „gekeilt"[4] worden. Im „Jungsturm" ging es zackig
15 zu, da wehte ein herber Wind, wir Knäblein mussten wacker exerzieren und eine hölzerne MG[5]-Attrappe schleppen, und ich hatte meinen Zug gegen Fliegerbeobachtung und Feindeinsicht von Norden her durchzubringen: hier ab dieser Tanne bis zu jener Weggabelung dort. Sonntags wurde gezeltet. Das alles war mir nicht
20 sehr angenehm, aber die Erwachsenen befanden, es sei nützlich, der Junge muss doch raus an die frische Luft, mal unter andere Jungs, er wird ja ein Stubenhocker sonst, das viele Lesen macht nur dösig.

---

[1]   Hymne der sozialistischen Arbeiterbewegung
[2]   ungeteilten
[3]   Jugendbewegung nach dem Ersten Weltkrieg
[4]   angeworben
[5]   Maschinengewehr

Und es ist ja wahr: „Aus grauer Städte Mauern ..., halli-hallo wir
fahren, wir fahren in die Welt ..." – das war eine schöne Nebenstim-
me zu den Kommandorufen, die „Deutsche Freischar" oder der
„Wandervogel" sangen sie uns vor, und „Schneefelder blinken,
5 schimmern von ferne her ...": Das ist reiner Eichendorff, um hundert Jahre zeitversetzt, und ist nicht der Jugend schlechtestes Teil.
Dann wurden wir also „überführt". Die Bündische Jugend wurde
en bloc zur Hitler-Jugend. Das mag 1935 gewesen sein, plötzlich
hatten wir braune Hemden anstatt der blauen und trugen ein
10 schwarzes Halstuch und am Koppel ein Fahrtenmesser.

2

Alles scheint jetzt vorgezeichnet und sehr einfach. Ich hatte meinen Dienst zu tun im „Jungvolk", der Vorschule der HJ. Mittwochs
Heimabend, sonntags Geländespiele, Sport, Exerzieren. Mit Fünf-
15 zehn dann statt der Sieg-Rune[1] auf dem linken Oberarm die HJ-
Binde. Die Bezeichnungen änderten sich, statt „Jungenschaft" und
„Zug" und „Fähnlein" hieß es nunmehr „Kameradschaft" und
„Schar" und „Gefolgschaft". Die Etikettierung des gesamten Volkes
und Staatswesens mit Bezeichnungen von absurder sprachschöp-
20 ferischer Fantasie war eines der technischen Mittel, kraft derer
dieses Volk organisiert und formiert wurde. So wurde denn diese
Hitler-Jugend auch eingesetzt, um scheppernd die Sammelbüch-
sen für das „Winterhilfswerk" zu schwenken, man lernte, einen
„Affen"[2] zu packen, und zur Sonnenwende gab es ein Feuer, einen
25 Sprung und einen Spruch.
Die Formen des öffentlichen und privaten Lebens müssen sich damals schnell und gewissermaßen unvermerkt gewandelt haben.
Der Gewerkschaftler war nun in der „Arbeitsfront", der „Reichs-
banner"-Mann in der SA, das Sonntagsmenü wich dem Eintopf,
30 und das somit erübrigte Geld sammelte der Blockleiter ein. (Die
ganz Verwegenen gaben zwar auch Geld, wie denn nicht, – aber
fraßen dennoch heimlich Braten, hinter geschlossenen Gardi-
nen ...)

---

[1] Schriftzeichen der Germanen
[2] hier: Tornister

Alle, alle machten mit, es gab zu all dem auch noch ein „Staatsju-
gend-Gesetz", ein jedes Kind von zehn bis achtzehn war Baldur
von Schirach[1] anvertraut, unter seiner Obhut wuchs man heran,
schließlich war er, sein Name deutete es an, auch ein lyrischer
Dichter. So wurde man achtzehn, machte Abitur, das war 1941, die
Fahne rief, man meldete sich – Ehrensache! – kriegsfreiwillig, ohne
Enthusiasmus zwar, eher mechanisch, und Felix Krull[2] hatten wir
noch nicht gelesen. Bis dann, bei dem einen früher, beim andern
später, die große Desillusion die große Illusion ablöste. Manch einer freilich hatte diese Wandlung zu erleben schon gar nicht mehr
Gelegenheit.

3

War es so? Es war so, – und doch auch ganz anders. Es gab ein
Binnenklima der Lebensformen, das hatte mit all dem organisierten Jung- und Deutschsein nichts zu tun. Nicht etwa, als ob wir
hinter der braunen Fassade Widerstandskämpfer oder auch nur
Antinazis gewesen wären. Das deutsche Volk, es hat Hitler gewollt
und gewählt, und wie die Alten sungen, so taten's auch die Jungen:
gleich zwei Nationalhymnen hintereinander, der gereckte Arm
mochte das nicht und rächte sich schmerzend. Jedoch zu seinen
Gunsten Wahlen zu fälschen, das hatte dieser Hitler in diesem seinem Volke gar nicht nötig. Und doch: Inmitten all der hochgemu-
ten und vermessenen Geschäftigkeit und Organisationshysterie
des neuen Staates breiteten sich weite Flächen von Gleichgültig-
keit aus, von müder Indifferenz. Ich will das konkreter zu beschreiben versuchen.
Mein Gymnasium, das sich stolz „Alte Kieler Gelehrtenschule"
nannte, hatte einen Lehrkörper, der sich etwa zu 70 Prozent als
nationalsozialistisch verstand und gebärdete. Die grüßten stramm
mit deutschem Gruß, die kamen im Braunhemd in ihre Klassen,
waren niedrige Chargen als „Politische Leiter" der Partei, erzählten
von Krieg und Kriegsgeschrei und bewährten sich im „Nationalpo-

---

[1] Politiker der Nationalsozialistischen Deutschen Arbeiterpartei (NSDAP)
[2] „Die Bekenntnisse des Hochstaplers Felix Krull", Roman von Thomas
Mann

litischen Unterricht" und in der „Rassenkunde". Wunderlicherwei-
se geriet auch die humanistische Bildung und ihr Lehrplan mit
diesem Betrieb nicht in Konflikt, das ließ sich arrangieren, die Grie-
chen haben ja feurige Schlachtgesänge hinterlassen, und in Pla-
5 tons „Staat"[1] hätte die SS sich nicht übel eingenistet. „Herrlich zu
sterben, wenn mutig im Vordertreffen du fielest", sang unser
Schulchor: Das war Tyrtaios[2], die Musik hatte Sibelius[3] gemacht.
Und mein Abituraufsatz behandelte das Thema „Herrenmenschen-
tum und Sklavenmenschentum in Platons Dialog ‚Gorgias'". Ich
10 wünschte, ich könnte ihn heute wieder lesen, aber er ist verbrannt
mitsamt vielen Akten und vielen Herren- und Sklavenmenschen in
einer der vielen Kieler Flammennächte.
So also wohl drei Viertel der Lehrer. Von den übrigen waren manche betont indifferent; und einige wenige machten keinen Hehl aus
15 ihrer Ablehnung des neuen Staates. Das mag sie in der Kollegen-
schaft isoliert haben – wir Schüler nahmen es zur Kenntnis und
beurteilten sie im Übrigen danach, wie sie eben als Pauker waren.

4

Wir Schüler: Ich weiß ja nicht, wie es andernorts war, aber bei uns
20 gab es keine fanatische, keine passionierte, keine heftige Jugend
Hitlers. Sie alle machten eben mit, lustlos einige, lustvoll andere,
gleichgültig viele, manche waren „Führer" und zierten ihre Uniform mit einer Schnur. Wenn einer aber sich schwertat mit dem
„Dienst", etwa den Heimabend schwänzte oder seinen Sonntag
25 für sich haben wollte, dann verlor er erst sein Halstuch (weithin
sichtbares Schandmal, der leere Fleck), flog dann heraus aus seiner sogenannten Einheit. Die Klassengemeinschaft aber rührte das
nicht. Man versuchte, dem Staat zu geben, was des Staates war
(was er jedenfalls einforderte), und war im Übrigen privat. Diese
30 Jugend hatte ihre offizielle Hymne, – ich habe nie erlebt, dass sie
nach Text und Melodie je wirklich gesungen wurde, wir stockten

---

[1] Staatsphilosophische Abhandlung des antiken griechischen Philosophen
Platon
[2] antiker griechischer Dichter
[3] Jean Sibelius (1865–1957), finnischer Komponist

und kippten dann ab: „Unsere Fahne flattert uns voran ...", so der
Refrain. Auch der Sohn des Gauleiters und der des Kreisleiters und
Oberbürgermeisters wussten es nicht besser, sie waren für einige
Jahre meine Klassenkameraden, ganz nette Jungs und (obwohl es
5 heute billig klingt, aber es ist nun einmal die Wahrheit:) recht
dumm.

Was freilich „Widerstand" bedeutete, das wussten wir nicht, wollten es nicht wissen, ahnten es kaum. Und was aus ihren jüdischen
Kollegen und Mitbürgern geworden war, das behielten die Eltern
10 schön für sich. Sofern sie nicht auf Führers Fahne schworen, tarnten sie sich, – tarnten sich so perfekt, dass die Tarnung schon
kaum mehr zu unterscheiden war von der durch sie zu schüt-
zenden Substanz.

Aus: Meine Schulzeit im Dritten Reich. Erinnerungen deutscher Schriftsteller. Hrg.
von Marcel Reich-Ranicki. München: Deutscher Taschenbuch Verlag. 4., erweiterte
Neuauflage 1993, S. 88–92

Siegfried Lenz: Kurze Hosen und halblange Söckchen

Immer, wenn ich an meine entscheidenden Schuljahre denke, fällt
mir unweigerlich zuerst mein Deutschlehrer ein, nicht der Direktor,
ein düsterer Pädagoge, der sich mitunter das EK I[1] aus dem Ersten
Weltkrieg ansteckte, nicht die ansehnliche echauffierte[2] Mathema-
5 tiklehrerin und selbst der verlässlich kumpelhafte Lateinlehrer
nicht, den ein Leiden davor bewahrt hatte, Soldat werden zu müssen. Erst wenn der zarte Herr aus Dorpat hinter der spanischen
Wand der Vergangenheit hervortritt, belebt sich die östliche Klein-
stadt, wächst als trüber Kasten das Schulgebäude auf, sehe ich die
10 anspruchslosen Gebäude des Internats, in dem wir Schüler, Jungen und Mädchen streng voneinander getrennt, wohnten. Er, mein
Deutschlehrer, gibt sozusagen den wertenden Blick frei, impräg-
niert wie von selbst alle Erinnerung.

Im Jahre 1941, als die deutsche Wehrmacht die Sowjetunion über-
15 fiel, hatten wir immer noch einen männlichen Zeichenlehrer, einen
männlichen Musik- und Sportlehrer, offenbar konnte der Krieg sie

---

[1] Eisernes Kreuz erster Klasse, Kriegsauszeichnung
[2] aufgeregte

entbehren, augenscheinlich verlief er auch ohne sie rentabel. (Nur
der Geografielehrer hatte den „Frankreichfeldzug" mitgemacht und
war verwundet heimgekehrt.) In Englisch, in Mathematik und Phy-
sik und bald auch in Biologie hatten wir Lehrerinnen, Pädago-
ginnen mit einem Hang zu rigoroser Sachlichkeit. Ich sage „hatten" und weiß, dass ich sie für immer haben werde, denn mit seinen Lehrern lebt man zeitlebens.

In der Klasse sprachen meine Lehrer auffällig wenig über den Krieg,
da wurden keine Schlachten nachgespielt, keine allgemeinen Lage-
besprechungen riskiert; außer Sondermeldungen, die hin und wieder der Musik- oder der Geografielehrer zum Beginn einer Stunde
wiederholte, wurden kaum Kriegsthemen berührt, selbst der Auf-
tritt eines hochdekorierten[1] Offiziers, der uns mit Stimmungsbil-
dern von örtlichen Siegen kam, wurde im Klassenunterricht nicht
breit erörtert.

Was wir über den Krieg wissen mussten – und da wir gleichsam auf
der Reservebank saßen, verlangten wir ungeduldig nach allen nur
denkbaren Informationen –, erfuhren wir aus preiswerter Heldenli-
teratur, aus zerpliesterten Heftchen, die die Runde machten. Ich
ließ mich von den Bezwingern der Maginotlinie[2] in ihre Methoden
einweihen, durchbrach mit Kapitänleutnant Prien die Sperren von
Scapa Flow, hielt mit entschlossenen Verteidigern die Stadt Narvik
gegen ein englisches Expeditionskorps. Was im Klassenzimmer
kaum zur Sprache kam, beschäftigte mich außerhalb der Schule
umso mehr.

Wenn auch nicht alle, einige meiner Lehrer bekannten sich zu den
verfügten oder selbst erkannten Pflichten eines Parteimitglieds,
leisteten unter den Fotos von Hitler und Rust ihr Soll an ideolo-
gischer Impfarbeit: Sie machten uns mit ausgewählten Passagen
aus Rosenbergs „Mythus"[3] bekannt, interpretierten Kapitel aus
„Mein Kampf"[4], gaben Görings Biografie eine goldschnitthaft he-

---

[1] mehrfach ausgezeichneten
[2] im Zweiten Weltkrieg französische Verteidigungslinie an der Grenze zu
Deutschland
[3] „Der Mythus der 20. Jahrhunderts", ideologische Schrift des NSDAP-
Politikers Alfred Rosenberg
[4] politisches Grundlagenwerk Adolf Hitlers

roische Fassung. Und mein Deutschlehrer, von dem ich bald erfuhr, wer Erich Kästner, wer Thomas Mann waren, Kasack – so sein
Spitzname –, der uns bei aller respektvollen Zuneigung unablässig
rührte, er diktierte uns mit verkniffenem Mund das Aufsatzthema:
5 Luftschutz tut not. Mir ging damals nicht auf, dass es ideologische
Spannungen gab unter meinen Lehrern und dass wir, die Schüler,
im Zentrum dieses Spannungsfeldes standen; erst nach dem
Krieg, bei einem Besuch meines alten Deutschlehrers, hörte ich
davon. [...] Der Krieg kam in die Jahre und stellte seine Forde-
10 rungen; wir merkten es daran, dass einige unserer Lehrer – der
Direktor zum Beispiel – eingezogen wurden, merkten es aber auch
an der verringerten Qualität des Essens und der Seife. Und plötzlich wurden wir gewahr, dass wir selbst, die Schüler, im Vorraum,
im Wartesaal standen, ich gebe zu: So manchen von uns be-
15 herrschte die Ungeduld, die Pennäler-Existenz zu beenden und
dorthin zu kommen, wo „etwas los" war, wo Entscheidendes geschah. Doch bevor wir den Zug bestiegen, mussten wir vorbereitet
werden.

Mit sechzehn schickten sie uns in „Wehrertüchtigungslager", wir
20 schliefen zwar, wie bei längeren Geländespielen, in Zelten, doch
unsere Ausbilder waren Soldaten, hochdekorierte Unteroffiziere
zumeist, die gerade von Verwundungen genesen waren. Unter ihrer Anleitung lernten wir das Alphabet des Tarnens, sie brachten
uns bei, wie man sich nach Sternen orientiert, wie man Karte und
25 Kompass in schwierigem Gelände gebraucht. Unter ihren Augen
zog ich meine erste – und einzige – scharfe Handgranate ab, feuer-
te meinen ersten Schuss aus einem Gewehr. Nachsichtig quit-
tierten sie unsere Leistungen. Sie schikanierten und demütigten
uns nicht – wie ich's bald darauf bei meinen Marineausbildern in
30 Stralsund erlebte –; von anscheinend unaufhebbarer Müdigkeit erfüllt, machten sie uns mit dem Nötigsten vertraut und streckten
sich unter Büschen oder auf warmem Sand zum Schlafen aus.

Aus: Meine Schulzeit im Dritten Reich. Erinnerungen deutscher Schriftsteller. Hrg.
von Marcel Reich-Ranicki. München: Deutscher Taschenbuch Verlag. 4., erweiterte
Neuauflage 1993, S. 169–171 und S. 173

Schule in der ersten Hälfte des 20. Jahrhunderts

Alfred Andersch: Der Vater eines Mörders. Eine Schulgeschichte (1980)

Die Griechisch-Stunde sollte gerade beginnen, als die Türe des Klassenzimmers noch einmal aufgemacht wurde. Franz Kien schenkte dem Öffnen der Türe wenig Aufmerksamkeit; erst als er wahrnahm, dass der Klasslehrer, Studienrat Kandlbinder, irritiert, ja geradezu erschreckt aufstand, sich der Tür zuwandte und die zwei Stufen, die zu seinem Pult über der Klasse hinaufführten, herunterkam – was er nie getan hätte, wenn es sich bei dem Eintretenden um niemand weiter als um einen verspäteten Schüler gehandelt hätte –, blickte auch er neugierig zur Türe hin, die sich vorne rechts befand, neben dem Podest, auf dem die Tafel stand. Da sah er aber auch schon, dass es der Rex[1] war, der das Klassenzimmer betrat. Er trug einen dünnen hellgrauen Anzug, seine Jacke war aufgeknöpft, unter ihr wölbte sich ein weißes Hemd über seinem Bauch, hell und beleibt hob er sich einen Augenblick lang von dem Grau des Ganges draußen ab, dann schloss sich die Türe hinter ihm; irgendjemand, der ihn begleitet hatte, aber unsichtbar blieb, musste sie geöffnet und wieder zugemacht haben. Sie hatte sich in ihren Angeln bewegt wie ein Automat, der eine Puppe freigab. So, wie auf dem Rathausturm am Marienplatz die Figuren herauskommen, dachte Franz Kien. Der perplexe Kandlbinder – er machte noch immer ein Gesicht, als murmle er ein Gott steh' mir bei! vor sich hin – rief einen Moment zu spät „Aufstehen!", aber die Schüler hatten sich schon erhoben, ohne seinen Befehl abzuwarten, und sie setzten sich auch nicht erst, als ihr Lehrer ein – wieder, wenn auch nur um Sekundenbruchteile verzögertes – „Setzen!" herausbrachte, sondern bereits, als der Rex abwehrend die Hände hob und zu dem jungen Studienrat sagte: „Lassen Sie doch setzen!" Von den Doppelbänken aus, die mit Doppelpulten fest zusammengeschreinert waren – zwischen die Bänke und die Pulte mussten sie sich hineinzwängen, denn die meisten von ihnen waren in ihrem Alter, vierzehn Jahre, schon zu hoch aufgeschossen –, beobachteten sie, wie

---

[1] lateinisch: König

verwirrt Kandlbinder war und wie der Rex dessen Versuch, sich zu
verbeugen, geschickt abfing, indem er ihm die Hand reichte. Obwohl Kandlbinder einen halben Kopf größer war als der auch nicht
gerade kleine Rex – Franz Kien schätzte ihn auf eins siebzig –, konn-
5 ten sie auf einmal alle sehen, dass ihr Ordinarius[1], wie er so neben
dem offensichtlich gesunden und korpulenten Oberstudiendirektor
stand, nichts weiter als ein magerer, blasser und unbedeutender
Mensch war, und eine Sekunde lang ging ihnen ein Licht darüber
auf, warum sie von ihm nichts wussten, als dass auch er von ihnen
10 nichts wusste und stets mit einer Stimme, die sich so gut wie nie
hob oder senkte, einen Unterricht gab, der wahrscheinlich tipptopp
war, nur dass sie, besonders gegen Ende der Stunden, nahe daran
waren, einzuschlafen. Heiliger Strohsack, was ist der Kandlbinder
doch für ein Langweiler, hatte Franz manchmal gedacht. Dabei ist
15 er noch jung! Sein Gesicht ist farblos, aber seine schwarzen Haare
sind immer ein bisschen ungekämmt. Franz und alle seine Mitschüler hatten eine Zeit lang gespannt beobachtet, ob Kandlbinder,
als er nach Ostern, zum Schuljahresbeginn, ihre Klasse in der Untertertia[2] übernahm, sich einen Liebling aussuchen würde, oder
20 auch einen, bei dem es klar wäre, dass er ihn nicht leiden konnte,
aber inzwischen waren fast zwei Monate vergangen, in denen der
Lehrer sorgfältig darauf geachtet hatte, sich nichts dergleichen anmerken zu lassen. Nur bei dem Zusammenstoß mit Konrad Greiff
ist er aus den Pantinen gekippt, dachte Franz. Wenn sie in den Pau-
25 sen oder auf dem Schulweg über Kandlbinders Vorsicht sprachen,
was nicht häufig vorkam, denn dieser Lehrer nötigte ihnen wenig
Interesse ab, gab es immer einen, der achselzuckend bemerkte:
„Der will sich bloß aus allem raushalten."
Der Rex hatte sich der Klasse zugewendet, er trug eine Brille mit
30 dünnem Goldrand, hinter der blaue Augen scharf beobachteten,
das Gold und das Blau ergaben zusammen etwas Funkelndes, Le-
bendiges und jetzt ins Gütige Gewandtes, anscheinend herzlich
Geneigtes in einem hell geröteten Gesicht unter glatten weißen
Haaren, aber Franz hatte sofort den Eindruck, dass der Rex, ob-

---

[1] hier: Klassenlehrer
[2] Bezeichnung für die Klassenstufe 8

wohl er sich ein wohlwollendes Aussehen geben konnte, nicht harmlos war; seiner Freundlichkeit war bestimmt nicht zu trauen, nicht einmal jetzt, als er, jovial und wohlbeleibt, auf die in drei Doppelreihen vor ihm sitzenden Schüler blickte.

5 „So, so", sagte er, „das ist also meine Untertertia B! Ich freue mich, euch zu sehen."

Er ist wirklich ein Rex, dachte Franz, nicht bloß ein Mann, dessen Titel man im Wittelsbacher Gymnasium auf dieses Wort abgekürzt hatte. Auch in den anderen Münchner Gymnasien wurden die

10 Oberstudiendirektoren Rexe genannt, aber Franz glaubte nicht, dass die meisten von ihnen wie Könige aussahen. Der da schon. Hellgrau und weiß – über dem Hemd lag, tadellos, eine glänzend blaue Krawatte –, mit diesem an den Ecken abgerundeten Visier aus Gold und Blau im Gesicht, stand er vor dem Hintergrund der

15 großen Schultafel, und weder Kandlbinder noch die Schüler schienen Anstoß daran zu nehmen, dass er die Klasse mit dem besitzanzeigenden Fürwort bedachte. Bin ich der Einzige, fragte Franz sich, dem es auffällt, dass er uns so anredet, als gehörten wir ihm? Er nahm sich vor, wenn die Stunde zu Ende war, Hugo Aletter zu

20 fragen, ob nicht auch er es eigentlich anmaßend fand, dass der Rex, bloß weil er der Direktor der Schule war, sich für berechtigt hielt, ihre Klasse als die seine zu bezeichnen. Hugo Aletter, sein Nebenmann auf der Bank, war nicht sein bester Freund in der Klasse – Franz hatte unter seinen Klassenkameraden überhaupt keinen

25 Intimus[1] –, aber der Einzige, dem er eine solche Frage überhaupt stellen durfte, weil er mit Hugo sogar politisieren konnte, sie politisierten manchmal zusammen, während der Pausen, in einer Ecke des Schulhofs, in dem Wortschatz, den sie aus den Reden ihrer deutschnational gesinnten Väter aufschnappten. Und deswegen –

30 nicht aus Freundschaft – hatten sie sich in der Klasse nebeneinandergesetzt. Auch die anderen hörten sich zu Hause die Wörter an, aus denen das politische Gerede des Münchner Mittelstandes sich zusammensetzte, aber sie blieben ihnen gegenüber gleichgültig; diese Kinder, wie Franz und Hugo sie deswegen verächtlich nann-

35 ten, interessierten sich nicht für Politik. Aber nicht einmal Hugo

---

[1] enger Freund

würde vielleicht verstehen, dachte Franz, was mir nicht daran gefällt, dass der Rex uns mit „meine Untertertia B" anredet, ich weiß
es ja selber nicht genau, und es ist ja auch gar keine politische
Frage. Plötzlich fiel ihm sein Vater ein, der im vergangenen Krieg
5 Offizier gewesen war, wenn auch nur Reserve-Offizier; der sprach
auch immer von „seinen Männern", wenn er in Front-Erinnerungen
kramte, und ich bin noch nie auf die Idee gekommen, dachte Franz,
dass diese Bezeichnung nicht so selbstverständlich ist, wie wenn
ich von meinem Vater denke: mein Vater. [...]

Robert Walser: Jakob von Gunten (1909)

[...]
Wir Eleven oder Zöglinge haben eigentlich sehr wenig zu tun, man
gibt uns fast gar keine Aufgaben. Wir lernen die Vorschriften, die
hier herrschen, auswendig. Oder wir lesen in dem Buch „Was be-
5 zweckt Benjamentas Knabenschule?". Kraus studiert außerdem
noch Französisch, ganz für sich, denn fremde Sprachen oder irgendetwas Derartiges gibt es gar nicht auf unserem Stundenplan.
Es gibt nur eine einzige Stunde, und die wiederholt sich immer.
„Wie hat sich der Knabe zu benehmen?" Um diese Frage herum
10 dreht sich im Grunde genommen der ganze Unterricht. Kenntnisse
werden uns keine beigebracht. Es fehlt eben, wie ich schon sagte,
an Lehrkräften, das heißt, die Herren Erzieher und Lehrer schlafen,
oder sie sind tot, oder nur scheintot, oder sie sind versteinert,
gleichviel, jedenfalls hat man gar nichts von ihnen. Anstelle der
15 Lehrer, die aus irgendwelchen sonderbaren Gründen tatsächlich
totähnlich daliegen und schlummern, unterrichtet und beherrscht
uns eine junge Dame, die Schwester des Herrn Institutvorstehers,
Fräulein Lisa Benjamenta. Sie kommt mit einem kleinen weißen
Stab in der Hand in die Schulstube und Schulstunde. Wir stehen
20 alle von den Plätzen auf, wenn sie erscheint. Hat die Lehrerin Platz
genommen, so dürfen auch wir uns setzen. Sie klopft mit dem Stab
dreimal kurz und gebieterisch hintereinander auf die Tischkante,
und der Unterricht beginnt. Welch ein Unterricht! Doch ich würde

lügen, wenn ich ihn kurios fände. Nein, ich finde das, was Fräulein
Benjamenta uns lehrt, beherzigenswert. Es ist wenig, und wir wie-
derholen immer, aber vielleicht steckt ein Geheimnis hinter all diesen Nichtigkeiten und Lächerlichkeiten. Lächerlich? Uns Knaben
5 vom Institut Benjamenta ist niemals lächerlich zumut. Unsere Ge-
sichter und unsere Manieren sind sehr ernsthaft. Sogar Schilinski,
der doch noch ein vollkommenes Kind ist, lacht sehr selten. Kraus
lacht nie, oder wenn es ihn hinreißt, dann nur ganz kurz, und dann
ist er zornig, dass er sich zu einem so vorschriftswidrigen Ton hat
10 hinreißen lassen. Im Allgemeinen mögen wir Schüler nicht lachen,
das heißt, wir können eben kaum noch. Die dazu erforderliche Lus-
tigkeit und Lässigkeit fehlt uns. Irre ich mich? Weiß Gott, manchmal will mir mein ganzer hiesiger Aufenthalt wie ein unverständli-
cher Traum vorkommen.
15 [...]

Es scheint, dass das Institut Benjamenta früher mehr Ruf und Zu-
spruch genossen hat. An einer der vier Wände unseres Schulzim-
mers hängt eine große Fotografie, auf der man die Abbildungen
einer ganzen Anzahl Knaben eines früheren Schuljahrganges se-
20 hen kann. Unser Schulzimmer ist im Übrigen sehr trocken ausstaf-
fiert. Außer dem länglichen Tisch, einigen zehn bis zwölf Stühlen,
einem großen Wandschrank, einem kleineren Nebentisch, einem
kleineren zweiten Schrank, einem alten Reisekoffer und ein paar
anderen geringfügigen Gegenständen enthält es kein Möbel. Über
25 der Türe, die in die geheimnisvolle unbekannte Welt der innern
Gemächer führt, hängt als Wandschmuck ein ziemlich langweilig
aussehender Schutzmannssäbel mit dito quer darüber gelegtem
Futeral. Darüber thront der Helm. Diese Dekoration mutet wie
eine Zeichnung oder wie ein zierlicher Beweis der Vorschriften an,
30 die hier gelten. Was mich betrifft, ich möchte diese wahrscheinlich
bei einem alten Trödler erhandelten Schmuckstücke nicht geschenkt erhalten. Alle vierzehn Tage werden Säbel und Helm her-
untergenommen, um geputzt zu werden, was eine sehr nette, obwohl sicher ganz stupide Arbeit genannt werden muss. Außer die-
35 sen Verzierungen hängen im Schulzimmer noch die Bilder des

verstorbenen Kaiserpaares. Der alte Kaiser sieht unglaublich friedlich aus, und die Kaiserin hat etwas Schlicht-Mütterliches. Oft putzen und waschen wir Zöglinge das Schulzimmer mit Seife und
Warmwasser aus, dass nachher alles von Sauberkeit duftet und
glänzt. Alles müssen wir selber machen, und jeder von uns hat zu
dieser Zimmermädchenarbeit eine Schürze umgebunden, in welchem an die Weiblichkeit gemahnenden Kleidungsstück wir alle
ohne Ausnahme komisch aussehen. Aber es geht lustig zu an solchen Aufräumetagen. Der Fußboden wird fröhlich poliert, die Ge-
genstände, auch die der Küche, werden blank gerieben, wozu es
Lappen und Putzpuder in Menge gibt, Tisch und Stühle werden
mit Wasser überschüttet, Türklinken werden glänzend gemacht,
Fensterscheiben angehaucht und abgeputzt, jeder hat seine kleine
Aufgabe, jeder erledigt etwas. Wir erinnern an solchen Putz-, Reib-
und Waschtagen an die märchenhaften Heinzelmännchen, die,
wie es bekannt ist, alles Grobe und Mühselige aus reiner überna-
türlicher Herzensgüte getan haben. Was wir Zöglinge tun, tun wir,
weil wir müssen, aber warum wir müssen, das weiß keiner von uns
recht. Wir gehorchen, ohne zu überlegen, was aus all dem gedan-
kenlosen Gehorsam noch eines Tages wird, und wir schaffen, ohne
zu denken, ob es recht und billig ist, dass wir Arbeiten verrichten
müssen. An solch einem Putztag hat sich mir einmal Tremala, einer der Kameraden, der Älteste unter uns allen, mit einem hässlichen Unfug genähert. Er stellte sich leise hinter mich und griff mir
mit der abscheulichen Hand (Hände, die das tun, sind roh und
abscheulich) nach dem intimen Glied, in der Absicht, mir eine wi-
derliche, an den Kitzel eines Tieres grenzende Wohltat zu erweisen.
Ich drehe mich jäh um und schlage den Verruchten zu Boden. Ich
bin sonst gar nicht so stark. Tremala ist viel stärker. Aber der Zorn
verlieh mir unwiderstehliche Kräfte. Tremala hebt sich empor und
wirft sich auf mich, da geht die Türe auf, und Herr Benjamenta
steht auf der Schwelle derselben. „Jakob, Schlingel!", ruft er,
„komm einmal her!" Ich trete zu meinem Vorsteher hin, und er
fragt gar nicht, wer den Streit angefangen habe, sondern gibt mir
einen Schlag an den Kopf und geht weg. Ich will ihm nachlaufen,
um es ihm entgegenzubrüllen, wie ungerecht er ist, doch ich beherrsche mich, besinne mich, werfe einen Blick über die gesamte

Knabenschar und gehe wieder an meine Arbeit. Mit Tremala rede
ich seither kein Wort mehr, und auch er weicht mir stets aus, und
er weiß warum. Aber ob es ihm leidtut oder dergleichen, das ist mir
vollkommen gleichgültig. Die unzarte Angelegenheit ist schon
5 längst, wie soll man sagen, vergessen. Tremala ist früher schon auf
den Meerschiffen gewesen. Er ist ein verdorbener Mensch, und es
scheint, er freut sich seiner schändlichen Anlagen. Übrigens ist er
rasend ungebildet, daher interessiert er mich nicht. Verschmitzt
und zugleich unglaublich dumm: wie uninteressant! Aber das eine
10 hat mir dieser Tremala zu erfahren gegeben: Man muss auf alle
möglichen Angriffe und Kränkungen stets ein wenig gefasst sein.

Aus: Robert Walser: Jakob von Gunten. Ein Tagebuch. Frankfurt am Main: Suhrkamp
Verlag 1978/1985, S. 8–10 und S. 35–37

5. Tipps und Techniken

Eine Charakterisierung verfassen

Die Charakterisierung einer literarischen Figur ist das Ergebnis einer genauen Beschreibung und Deutung der Textvorlage.
Dabei können folgende Teilgesichtspunkte berücksichtigt werden:

- Welche Bedeutung hat die Figur für das Geschehen (Hauptfigur, Nebenfigur ...)?
- Erfährt der Leser etwas über die äußere Erscheinung, über Alter, Beruf und soziale Stellung?
- Welche Gewohnheiten, Einstellungen und Verhaltensweisen der Person, die „charakteristisch" (bezeichnend und wesensgemäß) sind, werden im Text deutlich?
- Wie wird die Person von anderen eingeschätzt?
- Welche Beziehung besteht zwischen der zu charakterisierenden Person und anderen Handlungsträgern des Textes? Nimmt die Person in besonderer Weise Einfluss auf die Lebensgestaltung anderer Personen oder ist sie dem Einfluss durch andere in besonderer Weise ausgesetzt?
- Welche Veränderungen, Entwicklungen im Äußeren und in Wesenszügen der Person werden im Text verdeutlicht? Diese Frage ist besonders bei längeren Texten, die einen größeren Zeitraum umspannen, von Bedeutung.

Aussagen zur Charakterisierung einer literarischen Figur stellen vielfach Deutungen dar, die durch den Text belegt werden müssen. Das gilt auch für die Kennzeichnung von äußeren Merkmalen, die auf größere Zusammenhänge verweisen. Wichtig ist es also, mit Zitaten zu arbeiten und sprachliche Besonderheiten zu benennen. Zu den Besonderheiten gehören besondere Sprechweisen, Gesten usw., die von der Autorin oder dem Autor hervorgehoben werden. Wichtig ist, dass bei der Darstellung nicht so sehr der Inhalt der Textvorlage im Mittelpunkt steht, sondern die tatsächliche Charakterisierung der Figur.

Folgende Arbeitsschritte bieten sich für die Erstellung einer Charakterisierung an:

- Entsprechende Stellen sollten zunächst im Text markiert und am Rand mit Stichworten versehen werden.
5 - Anschließend sollte eine Sichtung des Materials erfolgen, indem zum Beispiel die Fragen oben stichwortartig beantwortet werden.
- Im nächsten Schritt wird nun der Aufbau der Charakterisierung festgelegt und die Schlüssigkeit des Aufbaus überprüft. Auch
10 hier können die Fragen oben hilfreich sein.

Nun erfolgt das Verfassen der Charakterisierung. Der aufgeschriebene Text sollte auch äußerlich durch Absätze gegliedert und somit leserfreundlich gestaltet sein.

Beim Verfassen der eigentlichen Charakterisierung hilft es, wenn
15 man auf den Dreischritt „Behauptung", „Argument" und „Beleg" achtet. Zunächst werden „Behauptungen" in den Raum gestellt. Solche Behauptungen müssen argumentativ begründet werden, sodass ersichtlich wird, warum der Verfasser dieser und keiner anderen Meinung ist. Ein „Argument" ist also eine Begründung, so-
20 dass die aufgestellte Behauptung für den Leser nachvollziehbar wird. Zur Stützung der Argumente sollen „Belege/Beispiele" (Zitate, genaue Verweise auf den Text) angeführt werden. Insgesamt wird dabei also versucht, sachlich und logisch zusammenhängend zu diskutieren. Die ausgesuchten Zitate sollen sinnvoll in die Argu-
25 mentation eingebaut werden. Zitate müssen dabei belegt werden, indem Seitenzahl und gegebenenfalls Zeilennummer(n) angegeben werden.

Aus: E.T.A. Hoffmann: Das Fräulein von Scuderi. Hg. v. Johannes Diekhans. Erarbeitet und mit Anmerkungen und Materialien versehen von Kerstin Prietzel. Paderborn: Schöningh Verlag 2004, S. 125–127

Gestaltendes Interpretieren

Nicht nur im Unterricht, sondern auch in zentralen Prüfungen werden Ihnen produktionsorientierte Aufgaben gestellt. Hierzu gehört auch das gestaltende Interpretieren. Bei diesem Aufgabentyp beweisen Sie Ihr Textverständnis dadurch, dass Sie selbst einen fiktionalen Text schreiben, der einen literarischen Ausgangstext auf sinnvolle Weise ergänzt oder weiterführt. Das gestaltende Interpretieren hat also nichts mit freiem Schreiben oder freier Umgestaltung literarischer Vorlagen zu tun. Oft geht man dabei von sogenannten Leerstellen aus, die von den Leserinnen und Lesern aus dem Textzusammenhang erschlossen werden müssen. Das literarische Produkt, etwa ein Brief, den z. B. die Hauptfigur an einen Freund in der Ferne schreibt, muss inhaltlich und formal mit der Textvorlage verträglich sein, setzt also eine auf Analyse basierende gute Textkenntnis und ein vertieftes Textverständnis voraus.

Gedanken und Äußerungen einer Figur fortführen

Nach der Analyse eines Ausgangstextes weisen Sie mit seiner **gezielten Umgestaltung bzw. Weiterführung** nach, dass Sie wesentliche Aspekte des Textes erkannt haben und entsprechend in Ihre produktive Gestaltung aufnehmen können. Wesentliche Gestaltungsaufgaben sind:

- **(Innerer) Monolog:** Ähnlich wie in einem Brief schreiben Sie einer literarischen Figur – oder auch einer Filmfigur – Gefühlsäußerungen und Reflexionen zu. Dazu wählen Sie eine bestimmte Situation aus einer Erzählung bzw. aus einem Film aus, versuchen, sich so intensiv wie möglich in die Figur hineinzuversetzen, und schreiben dann in Ich-Form und im Präsens als Basiszeit alles auf, was der Figur in diesem Moment durch den Kopf gehen könnte. Anders als im Brief sind diese Gedanken nicht an eine zweite Figur adressiert; vielmehr redet die Figur mit sich selbst.
- **Tagebucheintrag:** Auch diese Form der gestaltenden Weiterarbeit ist monologisch angelegt. Sie schlüpfen in eine literarische Figur hinein und äußern sich in deren Reflexionshorizont. Das Tagebuch ist dabei der stumme Gesprächspartner. Anders als im inneren Monolog werden meist größere Zeiträume geistig verarbeitet (also nicht nur ein bestimmter Moment, sondern z. B. ein ganzer Tag). In einem Tagebucheintrag sollten Aspekte der Selbstreflexion nicht fehlen, d.h., die Figur, deren Rolle Sie einnehmen, sollte über sich selbst und ihr Verhalten nachdenken, auf die Vergangenheit zurückblicken oder Zukunftspläne schmieden.

Prüfliste „Weiterführendes gestaltendes Schreiben"
Stimmigkeit

- Setzen meine Ausführungen die Machart des Ausgangstextes fort? Sind die prägenden Elemente des Textes, die ich analysiert und notiert habe, von mir berücksichtigt worden?
- Passt das Denken und Handeln meiner Figur zur Figur des Ausgangstextes?
- Passen meine Ausführungen in Inhalt und Form zu der Textsorte, der Aufgabenstellung?

Entfaltungsgrad

- Habe ich meinen Text an den für mich wichtigen Stellen detailliert ausgestaltet oder bleibt alles oberflächlich, da ich eigentlich keine weiterführenden Aspekte finden konnte?
- Habe ich gemäß meinen Voruntersuchungen einen zur Figur passenden Schreibstil gewählt? Konnte ich Empfindungen der Figur der Situation gemäß ausdrücken?

Prägnanz

- Stimmt mein Text mit der Stillage des Ausgangstextes überein? Kann ich etwaige Abweichungen vom Ausgangsstil im Hinblick auf die Wirkung begründen?
- Habe ich Formulierungen gewählt, die zum Denken und Handeln der Figur passen?
- Inwiefern habe ich die von mir untersuchte Atmosphäre und die Stimmungslage des Ausgangstextes aufgegriffen und gegebenenfalls weiter fortgeführt?

Aus: Texte, Themen und Strukturen. Deutschbuch für die Oberstufe. Herausgegeben von Margret Fingerhut und Bernd Schurf. Berlin: Cornelsen Verlag 2009, S. 86 ff.